À hauteur des nuages

Bernard Besret

À hauteur des nuages

Chroniques de ma montagne taoïste

Albin Michel

À Jean Siméon, l'ami fidèle,
à Zhu Ping et sa famille,
ainsi qu'aux maîtres taoïstes de Qiyunshan

Ouverture

Entre ciel et terre

Qiyunshan, la « montagne à hauteur des nuages », domine au soleil levant les bancs de nuages qui s'attardent dans la vallée et voilent souvent l'imposant massif montagneux qui sculpte l'horizon. Avec ses abruptes falaises de grès rouge recouvertes d'une luxuriante végétation semi-tropicale, elle est, au sud de la rivière qui les sépare, le modeste pendant des célèbres « montagnes jaunes », Huangshan, qui au sud de la province du Anhui, à cinq cents kilomètres de Shanghai, offrent à la curiosité de millions de visiteurs, de peintres et de photographes leurs nombreux pics aux noms pittoresques, leurs « mers de nuages » et leurs arbres centenaires accrochés sur le roc.

Certes, Qiyunshan reçoit bien quelques touristes chinois, mais sa vie reste avant tout celle de sa population locale. Ici, le grand temple taoïste, au milieu du village accroché à flanc de montagne, est comme le cœur du massif tout entier et des vallées qui l'entourent. Il bat le rythme de l'année lunaire et attire les processions de pèlerins qui se succèdent au son des percussions et de la mélodie lancinante d'un instrument à vent qui rappelle étrangement la bombarde bretonne. Depuis la brillante dynastie des Tang (618-907) qui correspond à notre haut Moyen Âge, Qiyunshan a toujours été habitée par des maîtres taoïstes dont la présence est restée partout inscrite dans la pierre, dans les grottes, dans les temples et dans le village, qu'à la différence des autres montagnes taoïstes, ils ont progressivement constitué au-dessus des nuages. Au cours des deux derniers millénaires, et en dépit des vicissitudes de l'histoire, Qiyunshan est restée imperturbablement taoïste et le revendique par mille signes, en toute sérénité. Jouxtant le grand temple, des bâtiments servent de base aux maîtres qui le desservent et d'hôtellerie aux pèlerins qui viennent de loin honorer Zhengwu, le dieu protecteur du lieu. Ce « monastère-hôtellerie » qui s'appelle Xuantian, le « ciel insondable », à la suite d'une longue histoire, est devenu l'un de mes lieux de vie.

Cela fait bientôt quatorze ans que j'ai rencontré mon ami chinois Zhu Ping et que sa famille a choisi de m'adopter – privilège assez rare pour un Occidental. L'observatoire exceptionnel que représente pour moi la vie en famille ne me permet sans doute pas de prétendre connaître dans tous ses aspects un aussi vaste empire que l'empire du Milieu. (C'est par facilité que j'emploie cette expression courante pour désigner la Chine. Elle ne correspond pas à ce que signifient les Chinois par le caractère *guo* qu'ils utilisent tant pour désigner la France, *fa guo*, que la plupart des autres pays, sans pour autant donner à penser qu'il s'agit d'empires[1] !) Je ne suis pas devenu sinologue, ni expert dans tel ou tel domaine particulier, sociologique, économique ou politique, qui permet habituellement d'aborder la Chine. Par contre, je connais ma famille de l'intérieur. Mois après mois, année après année, je partage sa vie, ses projets, ses joies, ses soucis comme aussi les drames qui la frappent. À travers elle, je suis en mesure de prendre le pouls d'un pays en pleine mutation. Cela n'en fait pas de moi un spécialiste. Mais j'ai la témérité de penser que cela m'autorise à m'en présenter comme une sorte de généraliste.

Avec Zhu Ping, j'ai organisé depuis une dizaine d'années plusieurs voyages culturels pour permettre à des amis occidentaux de découvrir la Chine hors des sentiers battus. Au fil des ans, Qiyunshan est devenu notre lieu de prédilection. Nous y avons accompagné presque tous nos groupes de visiteurs et sommes ainsi devenus des fidèles attitrés du Xuantian et, à vrai dire, les seuls à y amener plusieurs fois par an des voyageurs occidentaux. Des liens d'amitié se sont tissés entre nous et les gérants du monastère qui fonctionnait comme une sorte d'hôtellerie de montagne. En 2009, sous l'impulsion de l'association des maîtres taoïstes qui en sont les propriétaires, ils ont entrepris une complète rénovation des locaux puis, ayant reçu de nouvelles missions à accomplir, ils se sont mis à réfléchir à qui pourrait leur succéder à la tête de ce lieu vénérable. Ils ont pensé à Zhu Ping et à moi-même. « Ce sont les mieux à même d'en préserver l'esprit », se sont-ils dit. C'est ainsi que, de façon totalement inattendue pour nous, les maîtres taoïstes nous ont sollicités. Lorsque, à l'un de mes atterrissages à Pékin, Zhu Ping m'a annoncé la nouvelle, je n'ai même pas compris de quoi il me parlait, tant cela me semblait invraisemblable. Il m'a fallu une bonne nuit pour que je prenne conscience de ce que cela signifiait pour nous : un nouveau commencement.

Nous y sommes désormais installés et en train d'y créer un centre de culture traditionnelle chinoise qui a pour ambition d'être un lieu de rencontre entre celle-ci et la culture occidentale. L'Occident connaît un renouveau d'intérêt – on peut presque dire un engouement – pour le taoïsme. On ne peut que se réjouir de voir sa sagesse ainsi reconnue et honorée. Mais la sagesse n'est sans doute pas la principale raison de ce vif intérêt. L'insistance sur l'expérience vécue, sur la perception directe de l'énergie, le *Qi*, que procure la pratique du qi gong ou du tai-chi-chuan, exerce indubitablement une grande attraction sur nos contemporains. C'est cette dimension existentielle qui les attire, d'autant plus qu'elle ne requiert aucune adhésion à un ensemble de croyances religieuses. La question reste cependant posée : comment la cosmologie, l'anthropologie, l'éventuelle métaphysique du taoïsme peuvent-elles s'intégrer dans une approche occidentale du monde ? Jusqu'à quel point un penseur, formé par la philosophie grecque et influencé, qu'il le veuille ou non, par le christianisme, peut-il se dire taoïste ? Est-il invité purement et simplement à se « convertir » à un nouveau credo ? Peut-il se contenter de juxtaposer, sans aucune cohérence, différents corps de pensée ? Ou peut-il, au contraire, chercher en profondeur les convergences entre les différentes traditions, tout en se réservant, sur certains points, de continuer à jouir de ce que la philosophie occidentale apporte de spécifique au patrimoine de l'humanité ?

Dans la période post-maoïste que vit la Chine depuis trente ans, les temples taoïstes, à travers tout le pays, cicatrisent les détériorations que leur avait infligées la Révolution culturelle. Ils connaissent une nouvelle et puissante vitalité. Les vieux maîtres qui ont survécu aux persécutions en ont recruté de plus jeunes. Les cérémonies se succèdent jour et nuit dans les temples : témoignages d'une grande ferveur qui s'exprime dans des rituels qui pour nous restent exotiques et en grande partie incompréhensibles. Quel sens pouvons-nous donner à cette religion populaire, à caractère chamanique, qui par tant d'aspects peut choquer notre sens du rationalisme ? Et, à travers elle, quelle interprétation le taoïsme nous propose-t-il de la mort ? Comment conjuguer le retour au « sans-forme » que suggère le grand philosophe Zhuang Zi, aux rituels d'offrandes sur papier de tous les biens terrestres dont les défunts sont censés avoir besoin dans leur autre vie ? Et dans quelle mesure cela est-il compatible avec ma propre conception de la mort, indubitablement marquée par la philosophie occidentale ? Vivre à Qiyunshan, dans ce lieu d'exception, est pour moi un inépuisable bonheur. Mais il ne fait que rendre plus brûlantes en moi ces multiples interrogations.

« À hauteur des nuages », déjà au-dessus des contingences de la vie quotidienne. Pas encore au ciel. Un entre-deux. Entre ciel et terre. Loin du monde et pourtant toujours solidaire de la vie qui se poursuit sous les nuages. C'est de ce lieu privilégié que j'entreprends de rédiger ces chroniques.

Moine pour les autres

Depuis la fin de mon adolescence, j'ai toujours été habité par une aspiration de type mystique à l'unité : unité à l'intérieur de moi-même et unité avec la totalité du réel dans lequel je suis immergé. Les philosophies de l'Inde me fascinaient. S'accomplir en se perdant dans le Soi, en s'immergeant dans le Tout, me semblait la seule chose qui valût la peine d'être vécue. « Tu es cela », c'est-à-dire l'essence de tout ce qui existe, était devenu comme la devise de ma vie.

Mais à dix-sept ans en 1952, dans l'immédiat après-guerre, il n'était pas envisageable pour moi de partir vivre en Inde. J'ignorais tout de l'expérience de l'abbé Jules Monchanin qui avait choisi de consacrer sa vie à la connaissance et au service de l'Inde et du fait qu'un Breton, Dom Henri Le Saux, moine de Kergonan dans le Morbihan, venait de le rejoindre dans le sud du pays. En aurais-je été informé, il est probable que j'aurais remué ciel et terre pour les rejoindre. Mais, dans l'ignorance où j'étais, j'ai cherché ce qui, en

France, et encore plus proche de moi, en Bretagne, pouvait me rapprocher de cette recherche qui paraissait insensée et d'un incommensurable orgueil à mes condisciples de lycée. C'est ainsi qu'a germé en moi l'idée, déconcertante dans l'univers laïque où j'avais été élevé, de devenir moine et, faute d'autre choix, moine dans un monastère chrétien, catholique, romain. C'est ce qui me semblait rejoindre au plus près mon idéal hindouiste.

Il faut dire que je ne choisissais pas n'importe quel monastère. L'abbaye de Boquen, dans les Côtes-d'Armor, renaissait de ses ruines sous l'impulsion d'un moine d'une stature exceptionnelle, Dom Alexis Presse, qui avait eu maille à partir avec sa hiérarchie monastique et n'avait échappé à un rejet définitif que grâce à l'amitié qui le liait à l'évêque de Saint-Brieuc. C'était un moine rebelle. Son utopie était de restaurer dans toute sa pureté et, d'une certaine façon, dans son humanisme la vie monastique codifiée au VIe siècle par saint Benoît de Nursie. Il ambitionnait de retrouver sinon le christianisme de l'origine, du moins celui que pratiquait Bernard de Clairvaux au XIIe siècle. Un christianisme dégagé de tout ce que la Contre-Réforme y avait introduit avec le concile de Trente (convoqué en 1542 par le pape Paul III, il se déroula en trois sessions jusqu'en 1563) et qui s'était encore alourdi, en particulier au cours du XIXe siècle. Un christianisme sans bénédiction du saint-sacrement, sans rosaire, ni chapelet. Un christianisme allégé auquel il m'était plus facile d'adhérer.

Certes, le père Alexis me considéra d'abord avec une certaine suspicion car, à sa question « Allez-vous à la messe ? », j'avais bien été obligé de reconnaître que non ! Que cela ne faisait pas partie de mes pratiques puisque je venais d'une famille laïque et que mon désir était avant tout de me brancher sur le fond du fond du réel ! Je ne sais pas ce qu'il en pensa, mais il me renvoya avec courtoisie, me proposant de revenir le voir un an plus tard...

J'avais dix-huit ans quand il m'admit dans sa communauté et me donna le prénom de Bernard à l'occasion de ma prise d'habit. Pendant deux ans, j'ai vécu dans toute sa pureté l'idéal pour lequel j'étais devenu moine. Seule comptait pour moi l'immersion dans le fond du fond du réel, loin du monde, dans la solitude et le silence. J'avais le sentiment d'accomplir le fantasme de mon adolescence. Mais le père Alexis, qui avait les pieds sur terre, souhaitait que je reçoive une formation universitaire, à la fois philosophique et théologique. Rome, à la suite du scandale provoqué par la parution du roman de Béla Just, *Les Illuminés*[2], qui mettait en scène les démêlés du père Alexis avec l'ordre des Trappistes, venait finalement, après avoir envisagé une clôture pure et simple de la petite communauté qui n'avait jusqu'alors qu'une reconnaissance diocésaine, de la rattacher à l'ordre des Cisterciens dits de la Commune Observance. Il avait donc la possibilité de m'envoyer résider dans leur maison généralice à Rome et fréquenter la faculté pontificale San Anselmo des bénédictins sur la colline de l'Aventin. Opportunité providentielle mais, pour lui, lourde de menaces. C'est en fait le cœur brisé qu'il prit la décision de m'y envoyer parce qu'il considérait Rome comme un lieu de perdition, « une Babylone », disait-il.

Mon séjour à Rome m'a indubitablement transformé et sans doute Dom Alexis a-t-il eu en effet l'impression douloureuse de me « perdre ». Ces années romaines restent pour moi une période très bénéfique d'enrichissement intellectuel. Grâce à l'enseignement de quelques professeurs éminents, jouissant d'une grande liberté d'esprit, en particulier grâce à Dom Cipriano Vagaggini, moine italien formé en Belgique, j'ai découvert que les philosophies de l'Inde qui m'avaient tant fasciné jusqu'alors ne développaient qu'une seule des dimensions de la vie, essentielle certes, mais que l'autre dimension mise en valeur par le judaïsme, le christianisme et plus tard par l'islam, à savoir la reconnaissance de l'importance de ce qui se passe dans l'histoire des hommes et la nécessité de s'y engager pour essayer d'y contribuer le plus positivement possible, n'était pas moins essentielle pour une vie d'homme pleinement accomplie. Depuis, j'essaie tant bien que mal de conjuguer ces deux polarités : l'attention intérieure au fond du fond du réel et une attention non moins aiguë au devenir des hommes dont je partage la vie. Deux polarités aussi fondamentales l'une que l'autre, aussi dignes l'une que l'autre, se nourrissant l'une de l'autre et qui me semblent comme l'*inspir* et l'*expir* de la respiration douce qui seule assure une existence humaine épanouie.

Pour devenir docteur en théologie, j'ai soutenu une thèse intitulée *Incarnation ou eschatologie ?* qui reflétait mes interrogations sur le nécessaire mais difficile mariage entre l'idéal monastique tendu vers l'unité intérieure et l'idéal évangélique tendu vers le souci des autres[3]. Elle se concluait sur la nécessité de sauver à tout prix la dimension mystique de l'Inde en la conjuguant à la préoccupation humanitaire des religions du Livre. Rester moine, oui, mais moine pour les autres !

Rappelé à Boquen pour en devenir le prieur au plein cœur du concile Vatican II que nous vivions comme une sorte de « révolution culturelle » avant la lettre, j'ai voulu transformer mon monastère en une expérience pilote de ce monachisme pour les autres. Entraîné par une fougue encore juvénile (je n'avais que vingt-neuf ans), j'en fis, avec la collaboration de quelques jeunes amis enthousiasmés par ce nouvel idéal, une sorte de « laboratoire en utopie ». Cela séduisit des milliers de fidèles mais courrouça ceux qui restaient attachés au christianisme du XIXe siècle et ne pouvaient concevoir un monastère que comme un conservatoire de l'ordre établi. Au mois de juillet 1968, je répondis positivement à la requête d'étudiants désireux de poursuivre leur réflexion sur les nécessaires évolutions de la société, en leur offrant l'hospitalité dans l'abbaye pour une « université d'été de Mai 68 ». C'en était trop. Des délégations de chrétiens bien intentionnés firent le voyage à Rome pour demander ma démission et ils l'obtinrent en octobre 1969.

Comme cela se produit souvent dans le cas de démissions décrétées par les représentants de l'autorité, je bénéficiai alors de l'attention bienveillante des moyens de communication de l'époque. Je devins un symbole de la contestation. Ils soulignaient que j'accueillais à la communion eucharistique tous ceux qui se présentaient avec le désir de partager et le même pain et le même vin, qu'ils soient protestants, divorcés, remariés ou prêtres en rupture de célibat. Je m'étais permis de confier à une journaliste que je célébrais l'eucharistie « comme on prend un apéritif entre amis ». Je recommandais aux fidèles de la messe du dimanche de desserrer leur ceinture pour permettre à leur diaphragme d'accompagner librement leur souffle quand ils chantaient. Tout cela alimentait la chronique, mais ma contestation était beaucoup plus profonde que celle qui apparaissait dans les médias. Je prenais de plus en plus mes distances avec de nombreux aspects du dogme catholique. Autant il me paraît vital avec les philosophies occidentales et les religions du Livre de reconnaître l'importance de la dimension historique de nos vies, autant il me semble dangereux d'accorder le statut de « révélation » incontestable du principe ultime qui soutient l'univers dans l'existence à des événements surgissant au cours de l'histoire de l'humanité. C'est en effet prendre le risque de conférer un caractère absolu, irréfutable, à des événements particuliers, à des paroles d'hommes, en faisant abstraction de tous les conditionnements historiques dans lesquels ces événements se sont produits ou ces paroles ont été prononcées. Certes certains peuples, certains hommes ont vécu des situations hautement symboliques pour l'humanité ou ont approché de très près une sagesse universelle. Mais en faire l'expression directe du réel ultime, à prendre ou à laisser, conduit, comme on a pu le constater tout au cours de l'histoire, à des conflits d'interprétation, à des rivalités de pouvoir et finalement à des guerres de religion. Rien de tel que de se croire les seuls détenteurs de la Vérité pour partir en guerre contre tous les mécréants, tous les infidèles ! Et plus les croyances sont proches, plus la moindre divergence est susceptible d'entraîner la haine entre « frères ennemis ». Nous avons pu le constater en Occident à travers les conflits entre catholiques et protestants et nous le voyons encore à l'œuvre aujourd'hui dans le monde musulman avec l'affrontement entre chiites et sunnites. Le doute, ou tout au moins l'humilité d'admettre le caractère relatif de toutes nos convictions, nous prémunit contre ce genre d'aventure meurtrière.

Toutes ses réflexions cheminaient en moi depuis des années jusqu'au jour où c'est devenu comme une exigence d'honnêteté intellectuelle de reconnaître que si je restais fidèle à la quête d'union avec le fondement ultime du réel, conjuguée avec une ouverture aux autres et au monde, je n'adhérais plus à l'ensemble des croyances qui charpentent le credo chrétien. Je vivais, comme à rebours, la grâce d'une « déconversion ». J'ai donc choisi d'abandonner les institutions de l'Église et de reprendre ma liberté de penser, de parler, d'agir, de vivre tout simplement. En un mot, comme je l'ai proposé dans un de mes livres, de devenir le « philosophe de ma propre vie[4] ».

J'ai raconté cet itinéraire et toutes les péripéties dans lesquelles il m'a entraîné dans un ouvrage à la fois autobiographique et méditatif intitulé *Confiteor, De la contestation à la sérénité*[5].

Un « yoga tibétain »

Au début des années 1970, je n'étais déjà plus prieur de Boquen et, officiellement, j'étais même exclu de la communauté, mais à la demande de mon successeur, Guy Luszensky, j'y jouais encore par intermittence un certain rôle d'animateur spirituel. Un jour, une amie qui fréquentait l'abbaye depuis des années me parla d'un professeur de yoga assez particulier. Il disait enseigner un yoga dont il avait reçu la tradition d'un moine tibétain rencontré en Afrique mais déchu de sa qualité de moine pour raison d'alcoolisme. Une histoire plutôt rocambolesque ! Habité comme je l'étais à l'époque par une puissante aspiration à l'innovation, cela n'était pas pour m'effrayer, bien au contraire. Je l'invitai donc à venir à Boquen.

Sa pratique apparaissait comme plus simple et plus accessible que celle du hatha-yoga indien. À vrai dire, elle ne faisait appel à aucune posture acrobatique. La posture de base était de se tenir debout, tête tirée vers le ciel comme par un fil partant du sommet du crâne et pieds bien plantés en terre, les mains pendant lourdement vers le sol. Après l'avoir pratiquée un moment et nous être ainsi recueillis en silence, nous procédions au réveil et à l'activation de tout le corps. Sur une inspiration profonde, nos mains venaient se rejoindre devant la poitrine et, gardant l'air dans les poumons le plus longtemps possible, nous les frottions l'une contre l'autre, obtenant un échauffement maximum. Les mains ainsi chargées d'énergie, nous entreprenions un automassage de tout le corps en commençant par le crâne, n'hésitant pas en l'occurrence à utiliser les ongles pour en stimuler tous les points sensibles. Après chaque massage, nous revenions à la posture de base et prenions le temps de récupérer notre souffle, puis nous rechargions nos mains d'énergie en les frottant l'une contre l'autre en retenant l'air dans nos poumons. Après le massage du crâne venait celui du front, des yeux, des ailes du nez, des lèvres supérieure et inférieure, des oreilles, de la nuque, puis des bras, de la poitrine, du ventre et des jambes. Nous terminions en tapotant les lombaires avec les poings fermés. Cet exercice est recommandé pour démarrer une journée dans de bonnes conditions. Il réchauffe les muscles et met en éveil l'ensemble des fonctions vitales. Je devais découvrir plus tard qu'il est connu sous le nom de *do-in* (ou Tao yin).

Une fois cette première séquence terminée, nous passions à des exercices dont l'objectif était de nous faire ressentir l'énergie en particulier dans les mains et de la faire circuler dans tous nos organes. Certains d'entre nous la percevaient comme une chaleur interne, d'autres comme des picotements dans la paume et le bout des doigts. Je ne vais pas décrire ici les différentes manières dont notre professeur nous faisait collecter les énergies de la terre et du ciel. L'ensemble des exercices qu'il nous proposait avaient pour but de libérer et d'intensifier la circulation des énergies dans tout le corps. La séquence finale se passait en posture allongée. Après un temps de profonde relaxation, nous recommencions à charger nos mains d'énergie en les soulevant lentement du sol et en les amenant devant la poitrine pour les frotter vigoureusement l'une contre l'autre, tout au long d'un inspir aussi prolongé que possible. Ensuite nous procédions au massage de l'abdomen par rotations des mains posées l'une sur l'autre, puis, après repos et recharge énergétique des mains, massage du plexus solaire et enfin de la partie supérieure de la poitrine. Nos corps devenaient alors si lourds, si pesants, qu'ils nous donnaient l'impression de s'enfoncer dans le sol. L'état dans lequel nous entrions n'était plus une simple relaxation. C'était pratiquement, comme je devais le découvrir des années plus tard au Mexique, l'état préalable à une authentique autohypnose. Quand le signal était donné de sortir de cet état, de s'étirer, de bâiller, de revenir à la vie de tous les jours, nous sortions de ces séances de « yoga tibétain » non seulement le corps revigoré mais encore l'esprit apaisé, prêts pour la méditation.

Quelques décennies plus tard, le recours à des exercices corporels pour le développement de la vie spirituelle semble la chose la plus naturelle du monde. Cependant, quand j'étais jeune moine, il n'en était pas ainsi. Le corps était pour le moins suspect, voire peccamineux. L'idéal, loin d'être celui d'une *vivification* mettant tout en œuvre pour favoriser l'éveil de la conscience, était bien celui d'une *mortification* pour racheter les péchés du monde. Dom Déchanet, bénédictin érudit, avait le premier, dans les années 1950, suggéré le recours à une forme de « yoga chrétien » dans les monastères, mais son supérieur lui avait dénié le droit de signer le petit livre qu'il y avait consacré. Il avait dû se cacher derrière le pseudonyme de « yogin du Christ » ! À la même époque j'initiais ma réflexion sur l'ascèse, non comme exercice masochiste d'une souffrance volontairement recherchée mais au contraire comme un art de vivre au maximum de ses possibilités, que je développerais plus tard dans mon livre *Du bon usage de la vie*[6].

Le « yoga tibétain », qui en réalité empruntait autant aux traditions chinoises que tibétaines, nous avait donc conquis. Pour autant, quelque temps plus tard, je décidai de quitter définitivement l'abbaye. Abandonner Boquen après vingt et une années de vie monastique et une identification profonde à mon statut de moine n'a pas été sans turbulences intérieures. J'abandonnais une institution mais je gardais au fond de moi un réel désir d'unité : ce qui est la définition même du moine, au sens étymologique du terme[7]. Ce désir devait m'accompagner dans toutes les circonstances où je serais ensuite appelé à vivre et que je ne pouvais guère imaginer à l'époque. Au cours de ces événements qui m'ont projeté sur les routes du monde, j'ai malheureusement abandonné, bien à tort, la pratique du « yoga tibétain » qui m'aurait été pourtant bien utile pour garder mon unité intérieure.

Plusieurs années plus tard, sous l'impulsion de jeunes Chinois exilés à la suite des tragiques événements de Tiananmen, on se mit à parler en France de qi gong. *Qi* est un caractère chinois riche de plusieurs sens et qu'il est toujours appauvrissant de ne traduire que par un seul mot en français. Il est proche du *prana* indien et n'est pas éloigné de la racine *spir* qui entre dans notre mot « re*spir*ation » comme dans celui de « *spir*itualité ». On évite de trop simplifier son sens en le traduisant par « souffle-énergie ». *Gong* de son côté peut être traduit par « travail » ou encore par « maîtrise ». *Qi gong* équivaut donc plus ou moins en français à « maîtrise du souffle-énergie ».

J'ai alors pris conscience que le « yoga tibétain » que j'avais tant apprécié n'était qu'une forme de qi gong chinois. Cela surprendra sans doute ceux qui ignorent les étroites imbrications entre la Chine et le Tibet sur les plans spirituel et religieux (sans parler du plan politique), au moins depuis le XIIIe siècle. Sous la dynastie mongole des Yuan (1279-1368) puis sous celle mandchoue des Qing (1644-1911), les Mongols (puis plus tard les Mandchous) étaient les citoyens de première classe à qui étaient réservés les postes honorifiques. Les Tibétains, qui leur étaient étroitement liés sur le plan politique, venaient en second. Les Han, c'est-à-dire la grande masse des Chinois, n'étaient considérés que comme des citoyens de troisième ordre. Cela explique que le plus grand temple bouddhiste de Pékin est encore aujourd'hui le temple des Lamas. Cette humiliation séculaire joue peut-être un rôle dans la difficulté que le gouvernement chinois semble éprouver à trouver une issue au problème tibétain[8].

J'avais donc, sans le savoir, introduit sous le nom de « yoga tibétain » le qi gong à Boquen ! Ma nostalgie de ces moments privilégiés m'a porté, dès que j'en ai eu l'occasion, à suivre l'enseignement de quelques maîtres. Mon désir de renouer plus profondément avec sa pratique m'a fait m'inscrire, en 1997, à un voyage en Chine qui lui était en grande partie consacré[9]. C'est lors de ce voyage que la Chine, déjà présente dans ma vie de façon latente depuis des années, y a fait une irruption décisive et m'a conduit à m'installer du moins partiellement à Qiyunshan, la « montagne à hauteur des nuages ».

Chroniques de ma découverte de la Chine

La soupe à la tortue

À l'époque de ce voyage, j'exerçais depuis treize ans des responsabilités à la Cité des sciences et de l'industrie de la Villette à Paris. Son président venait de me confier des missions à l'international. Nous étions alors en pourparlers avec la ville de Shanghai pour collaborer à la création de son musée des Sciences et des Techniques dans la ville nouvelle de Pudong.

Jusqu'alors, Shanghai se déployait sur la rive ouest du Huangpu, affluent du Yangzijiang, le plus long fleuve de l'Asie que nous avons parfois appelé le « fleuve Bleu », par opposition au « fleuve Jaune » qui irrigue le nord de la Chine. Ce n'est qu'en 1990 que, sous l'impulsion économique donnée par Deng Xiaoping après la mort de Mao, le district de Pudong a été transformé en « zone économique spéciale ». Shanghai a alors amorcé une extension rapide et spectaculaire à l'est du Huangpu (Pudong veut dire : « à l'est du Pu ») sur une aire qui n'était encore qu'une zone agricole ou tout au plus de résidence pour les ouvriers les plus pauvres. Ceux-ci ne pouvaient communiquer avec Shanghai qu'on appelait Puxi (la ville « à l'ouest du Pu ») que par un bac poussif sur lequel ils embarquaient avec leurs indispensables bicyclettes.

Remarquons en passant que les Chinois ont l'esprit beaucoup plus spatialisé que les Occidentaux. Cela tient sans doute à l'usage millénaire des caractères chinois. Alors que toutes les écritures alphabétiques sont linéaires et se déploient dans une seule dimension faisant appel au seul hémisphère gauche de notre cerveau, chaque sinogramme est comme un tableau que nous sommes invités à contempler et qui met aussi à contribution l'hémisphère droit[1]. Du coup, l'orientation dans l'espace est beaucoup plus profondément inscrite dans l'esprit chinois que dans le nôtre. Pour eux, le nord, le sud, l'est, l'ouest mais aussi le centre sont de constants points de repère. Beijing (Pékin) est la « capitale du Nord » (*bei*). Nanjing (Nankin) celle « du Sud » (*nan*). Et Tokyo, en chinois, s'appelle Dongjing, la « capitale de l'Est ». Quand une rue est longue, elle se divise selon son orientation en partie ouest, partie centre et partie est ou encore en partie nord, partie centre et partie sud. Quand vous demandez votre chemin, un Chinois ne vous conseillera jamais : « Prenez à gauche puis tournez à droite », il vous dira : « Partez vers l'ouest puis poursuivez vers le nord. »

Pudong est donc la ville nouvelle de Shanghai, un peu comme le quartier de la Défense l'est pour Paris – en plus vaste et avec des gratte-ciel beaucoup plus élevés. Jinmao, la « gerbe d'or », culmine à quatre cent vingt mètres, récemment dépassée par le Centre financier mondial, en forme de décapsuleur géant, qui atteint quatre cent quatre-vingt-dix mètres, en attendant l'achèvement prévu en 2014 d'un bâtiment en forme de dragon remontant au ciel avec la queue retroussée qui atteindra six cent trente-deux mètres. À mon arrivée, la zone n'en était qu'au commencement de son développement. Sur la place du Siècle, dessinée par l'architecte français Jean-Marie Charpentier, face à la mairie construite par les Japonais, la municipalité de Shanghai avait décidé d'édifier un musée des Sciences et des Techniques. Nous participions (très modestement) à l'équipe d'architectes français qui avait choisi de répondre à l'appel d'offres. Mais le président de la Villette voulait que j'aie avec les responsables de la mairie un entretien concernant plus spécifiquement les contenus du futur musée. Il me demanda d'anticiper d'une semaine mon départ en vacances.

Je suis donc arrivé tout seul à Shanghai, une semaine avant le groupe auquel je m'étais inscrit. Ne connaissant ni un mot ni un caractère chinois, je me suis vraiment senti extradé. Dès le lendemain de mon arrivée, j'étais invité d'honneur à la mairie de Shanghai. Celle-ci, de construction récente, s'élève sur la place du Peuple qui occupe la vaste esplanade laissée vacante par l'hippodrome de l'ancienne colonie anglaise. Étant l'un des premiers édifices construits à partir du nouvel essor de la ville, son architecture est encore assez lourde. Rien à voir avec l'audace de plus en plus affirmée des bâtiments plus récents. Par mesure de sécurité, l'ascenseur principal ne s'arrêtait pas au quatorzième étage qui était celui du maire. Pour l'atteindre, il fallait monter au quinzième et redescendre d'un étage par un autre ascenseur. Premier repas officiel, autour d'une grande table ronde. Nous étions dix ou douze. Je bénéficiais d'un interprète qui traduisait les propos que je tenais en anglais. L'expérience m'a appris par la suite qu'il vaut toujours mieux, en Chine, disposer d'un interprète anglophone. Certes quelques Chinois maîtrisent parfaitement le français, mais cela est rarement le cas des jeunes traducteurs et la négociation devient alors nébuleuse et hésitante.

Je crois que je n'ai pas apprécié à leur juste valeur la soupe à la tortue et les autres spécialités shanghaïennes qui s'accumulaient au centre de la table sur un plateau tournant. J'étais trop occupé à m'entretenir avec mes hôtes. Nous avons parlé taoïsme, qi gong. J'ai évoqué mon grand oncle jésuite, Auguste Haouisée, qui, arrivé en 1903 à Shanghai, y avait fait toutes ses études et y était mort en 1948 en n'ayant eu qu'une seule fois l'occasion de revenir en Europe, à la suite de son sacre épiscopal. Ce n'est qu'à la fin du repas (mais je ne peux pas dire entre la poire et le fromage) que j'ai abordé la question de notre collaboration avec le nouveau musée de Pudong et que j'ai reçu les réponses que le président de la Villette m'avait chargé d'obtenir.

J'étais donc plutôt heureux du succès de ma mission. Il me restait presque une semaine de liberté avant l'arrivée de mon groupe. Mes hôtes m'ont vivement recommandé la visite du nouveau musée de Shanghai qui venait juste d'être inauguré et surtout de ne pas manquer une promenade sur la partie est de la rue de Nankin (Nanjingdonglu).

La culture chinoise est-elle soluble dans le bouddhisme ?

Bien qu'ayant travaillé dix-huit ans pour des musées scientifiques (deux ans à Rennes et seize ans à la Villette), je ne suis pas un grand amateur de musées. Ce piétinement devant les œuvres d'art ou les objets scientifiques et techniques me fatigue. Mes jambes, plus habituées à une véritable marche, donnent très vite signe de faiblesse. Le musée de Shanghai fait un peu exception à la règle. Il est de taille humaine et ses différentes galeries se déploient sur les cinq niveaux que compte l'édifice. Il est alors très facile de choisir celles que l'on désire réellement visiter. Pour cette première visite, il était assez évident que les galeries concernant les bronzes anciens ou la calligraphie étaient peu susceptibles de retenir mon attention. Ma culture générale ne me fournissait aucune base pour en apprécier soit l'importance historique, soit la valeur artistique. Je me concentrai donc sur la galerie des sculptures puis sur celle des mobiliers, qui m'étaient plus directement accessibles.

En Chine, on ne fonctionne pas par siècles selon nos habitudes occidentales, mais par dynasties. J'ai donc vite compris que, si je voulais comprendre quelque chose au monde chinois, il me faudrait rapidement retenir la succession des dynasties, au moins à partir de celle des Qin, instituée par celui qu'on appelle le « Premier Empereur », Qin Shihuang Di (221-206 avant J.-C.), non pas parce qu'il serait le premier dans la longue chronologie de l'histoire chinoise mais parce que c'est lui qui a forgé les instruments qui ont assuré jusqu'à aujourd'hui l'unité de la Chine.

Ravissement devant les statuettes remontant aux dynasties Tang (608-907) et Song (960-1279) ou aux dynasties antérieures. Seulement quelques pièces, de toute finesse et teintées parfois d'humour. Un vrai délice même pour quelqu'un d'aussi inculte que moi en art chinois. Mais quelle ne fut pas ma stupéfaction de voir cet art si typiquement chinois disparaître très vite au profit de la statuaire bouddhique, d'inspiration indienne. Des bouddhas et encore des bouddhas ou des bodhisattvas. De très belles pièces certes, mais qui n'ont plus rien à voir avec celles des périodes antérieures. Il est vrai qu'avant l'arrivée du bouddhisme la statuaire chinoise était réservée à l'art funéraire. Les statuettes étaient destinées à meubler les tombes des empereurs ou des hauts dignitaires. Sur les autels dédiés à Confucius, on ne trouvait pas sa statue mais seulement une tablette de pierre. Certes, les spécialistes savent certainement distinguer cet art bouddhique, légèrement sinisé, de l'art proprement indien ou plus précisément de l'art gréco-indien élaboré en Afghanistan. Il n'empêche, c'est un changement total d'univers !

Je me suis alors interrogé sur ce qui serait advenu de l'art chinois si la mission des jésuites n'avait pas été contrariée par Rome à cause de ce qui a été connu comme la « querelle des rites » au XVIIe siècle : fallait-il interpréter le traditionnel « culte des ancêtres » dont les jésuites étaient prêts à accepter la pratique chez leurs néophytes comme une forme de respect rendu aux défunts, ou au contraire le considérer comme une forme d'idolâtrie[2] ? Je ne pouvais m'empêcher de m'interroger : et si la Chine était devenue chrétienne ? Le musée aurait alors été rempli de crucifix, de Christ ressuscités et de Vierges à l'Enfant. Certes réinterprétés, pour une petite part, par le génie chinois, mais néanmoins complètement étrangers à sa culture millénaire.

L'idée m'a alors traversé que l'arrivée du bouddhisme avait été une sorte de catastrophe culturelle pour la Chine, au moins du point de vue de la statuaire qu'il m'était donné d'admirer. Comme une perte d'identité. Certes j'ai compris depuis que le bouddhisme, pour réussir à s'implanter profondément dans la Chine confucéenne et taoïste, a été obligé d'adopter beaucoup des aspects de la pensée chinoise, jusqu'à produire le bouddhisme chan qui, en passant en Corée puis au Japon, a donné lieu à la création du bouddhisme zen. En retour, il a lui-même influencé de plusieurs façons les différentes écoles taoïstes, en particulier en introduisant le concept de célibat pour les moines, concept totalement étranger aux Chinois, obsédés par la continuité des lignées familiales. Avec le temps, le bouddhisme s'est donc incorporé à la culture chinoise. Il n'en reste pas moins que, depuis cette première impression, je le ressens toujours comme une greffe étrangère sur le tronc proprement chinois.

Quelques étages au-dessus, ma visite s'est poursuivie par la galerie des mobiliers qui jouxte celle, plus folklorique, des minorités. La Chine est actuellement composée à 92 % de « Han » (soit un milliard deux cents millions de personnes) ; il ne s'agit pas d'une unité ethnique mais d'une unité culturelle soudée par la langue et le partage d'une culture millénaire. Les 8 % restant se répartissent en cinquante-cinq minorités. Certaines, comme les Mandchous qui ont dominé la Chine sous la dynastie Qing pendant près de trois siècles (1644-1911), se sont totalement sinisées et ne pratiquent plus guère leur langue d'origine, mais la plupart des autres ont gardé leur culture propre. En Occident, on connaît surtout les Tibétains (environ cinq millions et demi de personnes) et les Ouïgours (plus de huit millions) pour leur revendications à une autonomie accrue, voire à l'indépendance, mais il en existe cinquante-trois autres toujours mises à l'honneur dans les cérémonies officielles de la République populaire de Chine.

Dans la galerie des mobiliers, j'ai découvert un

autre conflit de cultures. Le mobilier de la dynastie Ming (1368-1644), dernière dynastie proprement chinoise, m'a séduit par son style léger, dépouillé, presque aérien. J'aurais aimé m'approprier la presque totalité de ces meubles et j'étais sûr qu'ils se seraient harmonieusement intégrés dans ma maison bretonne ou dans mon appartement parisien. La pureté de leurs lignes s'harmoniserait aussi sans problème avec du mobilier moderne, très stylisé. Mais à côté de ces meubles enchanteurs, j'ai découvert le mobilier de la dynastie Qing, mandchoue, qui lui a succédé, et qui s'est prolongée jusqu'au début du XXe siècle. Massif, tout en lourdeur, avec parfois un travail du bois d'une extrême beauté mais qui n'empêche pas cette sensation d'épaisseur et d'encombrement. Non, pas un seul de ces meubles n'aurait trouvé sa place chez moi en Europe. Ainsi, dès mon premier contact avec la Chine, je me suis senti spontanément accordé à la sensibilité proprement chinoise et étranger à la sensibilité mandchoue, alors qu'on a souvent tendance à oublier la distinction. Quelque chose vibre en moi à cette culture et je ressens comme une intrusion malvenue les apports extérieurs, quelles que soient par ailleurs leurs qualités respectives. C'est comme si j'y étais plus sensible que mes amis chinois qui, au cours des siècles, se sont comme résignés à ces mutations de leur culture originelle.

Une marée humaine

Je sortis plutôt heureux de ma visite au nouveau musée de Shanghai. Enfin un musée qui ne me fatiguait pas ! Je rejoignis alors la partie est de la rue de Nankin, Nanjingdonglu. On estimait à cette époque à un million le nombre de piétons qui y circulaient quotidiennement. Aujourd'hui, peut-être sont-ils un peu moins nombreux parce que tant d'autres rues les attirent par leur modernité. Les mauvaises langues disent même que les Shanghaïens laissent la rue de Nankin aux provinciaux qui viennent de plus en plus nombreux visiter la métropole futuriste. Un de ses tronçons a été récemment transformé en artère piétonnière par les soins de Jean-Marie Charpentier, l'architecte français qui a sans doute le plus marqué de son empreinte le projet d'urbanisation de Shanghai. Déboucher sur Nanjingdonglu donne l'impression d'affronter une véritable marée humaine.

Il me fallut jouer des coudes pour me frayer mon chemin. Au bout de quelques minutes, une jeune femme m'interpella et me demanda si elle pouvait faire quelques pas avec moi pour pratiquer son anglais. J'en fus profondément surpris. L'année précédente, j'étais allé donner une conférence à Tokyo et personne ne m'avait ainsi abordé dans la rue. D'autre part, avant de quitter la France, j'avais lu pour m'informer un livre écrit sur la Chine par deux Américains. La société qu'ils décrivaient était encore en partie sous l'emprise du maoïsme. Ils expliquaient qu'un Chinois ne devait jamais être seul pour s'adresser à un étranger ; un autre Chinois devait être présent près de lui, comme pour l'espionner. Je réalisai que la Chine avait vraiment changé. Cette jeune femme me parla en toute liberté. J'en profitai pour m'informer sur plusieurs aspects pratiques de la vie à Shanghai. Pour me rendre de mon hôtel à la mairie, j'avais pu utiliser le tout nouveau métro shanghaïen (il n'avait encore que deux ans), d'autant plus facilement qu'il ne comportait alors qu'une seule ligne (il en compte onze aujourd'hui, seulement treize ans plus tard). Mais comment m'y retrouver dans les autobus ? Je fus heureux d'interroger ma compagne d'un moment. Au bout d'une dizaine de minutes, elle me quitta afin, me dit-elle, de faire des courses pour une de ses amies.

Je continuai ma marche jusqu'à la rive du Huangpu, m'arrêtant ici et là pour regarder avec étonnement quelques magasins d'alimentation. Impossible de mettre un nom sur la plupart des légumes qu'ils proposaient. La berge ouest du

Huangpu est longée par une avenue connue mondialement comme le Bund. Ce n'est pas un nom chinois mais un mot ourdou, signifiant « rive boueuse », que les colons anglais ont importé de l'Inde voisine. Les Chinois quant à eux l'appellent Waitan, la « rive des étrangers ». En effet, elle aligne de façon surprenante des bâtiments de style néoclassique ou art déco, construits au temps des concessions étrangères par les grandes banques de l'époque. Cela commence, au croisement de la rue de Nankin, par l'hôtel de la Paix (rendu célèbre par le roman de Vickie Baum : *Shanghai Hotel*) construit autour de 1930 par un homme d'affaires de Bagdad en suivant le tracé de la grande synagogue de sa ville d'origine. Le tout a fière allure, mais les Chinois ont raison de l'appeler la « rive des étrangers », car ici rien n'est d'inspiration chinoise !

Le Huangpu s'étale sur quatre cents mètres lorsqu'il arrive à Shanghai. De sa berge surélevée je découvris Pudong sur l'autre rive. Quelques hautes tours commençaient à grimper vers le ciel. Rien à voir avec le spectacle qui s'offre aujourd'hui à la vue du spectateur ébloui et qui fait penser à la ligne du ciel de Manhattan – mais un Manhattan du XXIe siècle. Seule la tour de la télévision avec ses quatre cent soixante-huit mètres de hauteur attirait alors le regard. Bonne surprise : elle ne cherche pas à imiter notre tour Eiffel. Construite en béton, elle est ponctuée par trois sphères de dimensions différentes. Mon ami M. Shu Jingzhe, doyen de la faculté de français à l'Institut supérieur des langues étrangères de Shanghai, rencontré l'année précédente à Tokyo, me donna la clé de son interprétation quelques jours plus tard. Elle est située entre deux très grands ponts à haubans, le Yangpu et le Nanpu, qui traversent le fleuve. Ils sont accessibles, sur chacune des deux rives, par d'impressionnantes circonvolutions de bretelles autoroutières. Dans l'imaginaire chinois, ces deux ponts évoquent deux dragons de dimensions gigantesques. Or un ancien poème évoque « deux dragons qui jouaient avec une perle »... C'est cette perle que la tour de la télévision a saisie au vol ! Ainsi se marient modernité et tradition, littérature et technologie avancée.

Hasard ou nécessité ?

Faisant demi-tour, je commence à remonter la rue de Nankin. Je me demande si je ne vais pas tenter l'expérience de prendre un autobus pour rentrer à l'hôtel. Arrivé à hauteur du n° 221, un jeune Chinois me rattrape. « Puis-je faire quelques pas avec vous pour pratiquer mon anglais ? » me demande-t-il. Ma surprise est renouvelée. Il a un visage ouvert et un regard pétillant. J'accepte volontiers. Il est passionné de football et en particulier de football français. Ma formation de théologien ne me prédispose pas spécialement à discourir sur le sujet, mais je me réjouis de m'intéresser un peu à tout et de pouvoir tenir la conversation pendant une dizaine de minutes. Ayant alors épuisé mes connaissances en la matière, je lui demande quelle est sa profession. Il est professeur d'histoire, d'histoire de la Chine bien sûr. Il me raconte que les événements de Tiananmen en 1989 l'ont amené à entrer en conflit avec son père. Il lui a semblé préférable de quitter la ville familiale et de venir offrir ses services à un lycée de Shanghai.

Il s'est présenté à la proviseur qui lui a proposé de donner un cours à une des classes de son établissement. Si les élèves l'appréciaient, alors elle le garderait. Ce qui a été le cas. L'histoire de la Chine se prête à mille petites histoires, et comme Zhu Ping – c'est son nom – est un véritable conteur, il a déclenché les applaudissements enthousiastes de la classe. Il a donc été recruté. La proviseur ne doit pas regretter sa décision parce que sa nouvelle recrue vient d'être élue « meilleur professeur de l'année » et s'est vu, à ce titre, offrir un voyage dans le Sichuan dont il revient tout juste, ébloui.

Il parle un bon anglais sans accent chinois. Certes, il commet quelques fautes liées aux particularités de sa langue maternelle. Par exemple, dans le langage parlé, celle-ci ne distingue pas le « il » du « elle », les deux se disent *ta*. Ce n'est que dans l'écriture qu'ils se différencient, l'un s'écrivant avec la clé de l'homme et l'autre avec la clé de la femme. (On appelle « clé » un élément graphique qui revient à plusieurs reprises dans la composition des caractères chinois. Ces clés donnent une idée de leur contenu.) Bref, en anglais, nous nous comprenons à la perfection et je me réjouis de pouvoir discuter aussi librement avec un jeune Chinois.

L'heure du dîner approche. La veille au soir, j'ai fait une expérience douloureuse en allant dîner seul, non dans un des restaurants de l'hôtel où l'un des serveurs eût sans doute parlé un peu d'anglais, mais en ville, dans un restaurant qui semblait m'offrir un contact plus authentique avec les Shanghaïens. Sortant de l'avion, je n'avais guère d'appétit et désirais juste déguster quelques crevettes que je pouvais montrer du doigt à la serveuse. Mais il lui était impensable que je ne veuille manger que des crevettes, un repas chinois comportant toujours plusieurs plats, sauf s'il s'agit d'un restaurant de nouilles ou de raviolis. J'ai essayé de lui faire comprendre, dans toutes les langues que je connais, que les crevettes me suffisaient, que c'était assez. Mais il n'y avait rien à faire, elle attendait la suite de ma commande et, ne parvenant pas à me convaincre de commander d'autres plats, elle avait rameuté tous les serveurs du restaurant et même du personnel de la cuisine. Ils m'entouraient tous et me parlaient tous en chinois ! Situation cocasse mais épuisante, que je n'ai ce soir-là aucune envie de répéter.

Je demande donc à mon compagnon ce qu'il a l'intention de faire pour dîner. Cela lui convient d'accepter mon invitation. Charge à lui de choisir le restaurant et de passer la commande ! Et c'est ainsi que la conversation s'est prolongée tard dans la soirée. Je lui ai posé les innombrables questions que suscitaient en moi ces premières heures passées sur le territoire chinois et c'était un vrai bonheur de pouvoir bavarder librement avec lui. Comme nous étions en période de vacances scolaires, il disposait d'heures de loisir. Au moment de le quitter, j'ai pensé que pour les jours suivants j'aurais bien tort de me priver de ce guide inattendu, qui était comme une clé susceptible de m'ouvrir les portes de la Chine.

Ce n'était pas encore l'époque des téléphones portables qui, aujourd'hui, font fureur dans la société chinoise. Presque tous les citadins en ont deux dans les poches, un pour les communications dans la province à laquelle ils appartiennent (quand il s'agit de la province du Zhejiang, cela représente déjà plus de quatre-vingts millions d'interlocuteurs potentiels), et un autre pour le reste de la Chine et son milliard trois cents millions d'habitants. Les tarifs ne sont évidemment pas les mêmes. Pour nous, cela voudrait dire un téléphone portable pour la France et un autre pour le reste de l'Europe. À la différence près que, pour la plupart d'entre nous, les occasions d'appeler Berlin, Varsovie, Riga ou Moscou sont trop rares pour justifier un deuxième téléphone...

Mais en 1997, on n'en était pas encore là. Zhu Ping (c'est son nom abrégé ; officiellement il s'appelle Zhu Ping Ping, « Zhu, la grande paix ». Deng Xiaoping, lui, s'appelait plus modestement « Deng, la petite paix » !) disposait d'un biper. Pour le joindre il fallait que je passe par une standardiste qui, dans la plupart des cas, ne parlait pas un mot d'anglais, et que je lui dise en chinois : *Wo xing Li* (« Je m'appelle monsieur Li », nous étions convenus que « Besret » était un cas désespéré) *Wo jiao yi ling jiu er ling* (Je demande le 10920). Et c'est ainsi que dès mon premier jour, j'ai dû non seulement apprendre quelques mots de chinois mais surtout apprendre à les prononcer de façon à ce que la standardiste ait une chance de les comprendre ! Pour cela, j'ai dû faire appel au musicien en moi encore plus qu'au linguiste. Le chinois est en effet autant question de mélodie à mémoriser que de mots à retenir. Dès le lendemain soir, je réussissais à le joindre. Nous nous sommes retrouvés et nos deux existences, tant la sienne que la mienne, en ont été alors bouleversées. La Chine est alors vraiment entrée dans ma vie et je pense que notre rencontre a aiguisé en lui son goût pour la culture traditionnelle chinoise et l'a éveillé à ce qu'elle comporte de spiritualité.

Il nous arrive, des années plus tard, de nous interroger sur le caractère si imprévisible de cette rencontre au 221 Nanjingdonglu. À quelques minutes près, nous aurions pu ne jamais nous rencontrer. Il avait fallu réunir tant de facteurs aléatoires pour que nos deux trajectoires se croisent. Il avait fallu qu'il ait l'audace de s'adresser à moi. Il avait aussi fallu que je n'aie pas peur de me lancer dans l'inconnu. Si nous ne nous étions pas rencontrés ce jour d'août 1997, nous ne serions aujourd'hui ni l'un ni l'autre installés sur Qiyunshan, la « montagne à hauteur des nuages », engagés dans la création d'un centre de culture traditionnelle chinoise.

Ce qui n'était alors que le fruit de nombreux hasards se révèle aujourd'hui être d'une absolue nécessité pour le déroulement ultérieur de nos vies. Cela vaut pour tellement de rencontres et d'événements tout au long de nos existences. Hasard ou nécessité ? Tout dépend du moment où nous les envisageons. Fruits du hasard avant qu'ils n'arrivent, à partir du moment où ils ont eu lieu, ils transforment l'histoire ultérieure du monde. Personne n'y peut plus rien changer et ils peuvent être considérés comme absolument nécessaires. « Ce qui est écrit est écrit », dit la sagesse populaire. A fortiori si ces événements sont perçus non pas seulement plus tard dans le temps, mais depuis le fondement ultime du réel, hors espace, hors temps. Il semble contradictoire à beaucoup que nous agissions avec un certain libre arbitre et que nos décisions soient connues de toute éternité par le principe qui nous soutient dans l'existence. Ce n'est contradictoire que pour nos logiques emprisonnées dans la finitude de l'espace et du temps. Nos choix se situent sur un plan historique. La connaissance que le fondement ultime du réel en a se situe, elle, sur un plan métaphysique, éternel, et il ne peut y avoir de collision entre ces deux plans. Ma décision peut être libre sur le plan historique, mais pour exister elle nécessite d'être connue de toute éternité depuis le fondement ultime du réel qui précisément lui donne d'exister !

Je dis « ma décision peut être libre » sans pour autant me faire beaucoup d'illusions sur le degré réel de notre libre arbitre. Nous sommes soumis à tant de conditionnements, à commencer par celui de notre langue et de notre culture maternelles. Si on y ajoute les conditionnements génétiques, sociaux et économiques, notre « marge de manœuvre » se réduit comme une peau de chagrin. Mais heureusement pour nous, notre liberté intérieure n'est pas liée au seul jeu de notre libre arbitre. Même dans des situations de contraintes extérieures extrêmes, en prison par exemple, nous avons encore, aussi longtemps que notre conscience n'a pas été détruite par des tortures chimiques, la possibilité d'exercer notre liberté intérieure qui est d'un autre ordre.

Un homme « à la charité active »

J'occupais mes quelques jours de loisir à Shanghai à la recherche des traces de mon grand-oncle Mgr Auguste Haouisée. Je l'appelle « grand-oncle » bien que nos liens exacts de parenté n'aient jamais été établis. Ma mère s'appelait Anne-Marie Haouisée et ce nom, très rare, n'est de consonance ni française ni bretonne, et les quelques Français qui le portent aujourd'hui (il tend à disparaître) sont tous originaires des environs immédiats de Broons, dans les Côtes-d'Armor, lieu de naissance du célèbre connétable de France Bertrand Du Guesclin. Le nom peut faire sens tant en arabe qu'en hébreu, si bien qu'il est très probable qu'il ait appartenu à une femme ramenée par Du Guesclin d'une de ses guerres d'Espagne. Les Haouisée de cette aire très localisée sont plus ou moins cousins parce qu'ils proviennent tous d'une même souche. C'est ce qui me permet de considérer Mgr Haouisée comme un de mes oncles, « à la mode de Bretagne ». Dans mon enfance, nous n'avions pas de relations avec cette branche de la famille, très catholique. Je ne me souviens avoir entendu parler qu'une seule fois de ce mystérieux évêque de Nankin, car tel a d'abord été son titre.

Auguste naît en 1877 à Évran, bourgade proche de Broons, dans une famille chrétienne catholique romaine comme la Bretagne en connaissait au XIXe siècle. Elle compte cinq enfants. Les deux garçons deviennent prêtres, deux des filles religieuses. Et la troisième consacrera sa vie à servir son frère devenu curé de Saint-Judoce, non loin d'Évran. Leur père meurt très jeune et c'est un oncle maternel, Jacques Daniel, jésuite et futur provincial de la Compagnie, qui assume un certain rôle paternel dans la famille. C'est donc tout naturellement qu'Auguste désire devenir jésuite à son tour. Mais à l'époque, l'exécution de ce projet n'est pas des plus simples. En effet, à la suite des lois scolaires de Jules Ferry de 1879 et 1880, les jésuites ont été contraints à l'exil et se sont installés de l'autre côté de la Manche. Leur noviciat est à Canterbury et c'est un premier dépaysement pour le jeune Breton. Il passera ensuite dans l'île de Jersey pour commencer ses études de philosophie.

Un jour de 1903, son supérieur le convoque et lui dit : « Frère Auguste, la volonté de Dieu est que vous terminiez vos études à Shanghai. » Pas question pour un jésuite de cette époque de contester la décision de son supérieur. C'est ainsi qu'après quarante jours de bateau, Auguste Haouisée arrive en Chine cette même année. De son propre aveu, il a le sentiment de débarquer sur une autre planète. L'Empire est à l'agonie sous l'effet des attaques répétées des forces occidentales de colonisation mais aussi sous celui d'un trop long immobilisme de la cour impériale.

Comme il en a reçu la consigne, Auguste commence par effectuer son cycle d'études en théologie à Xujiahui, la résidence des jésuites de Shanghai. Il est ordonné prêtre en 1910 et devient professeur à l'université Aurore que la Compagnie de Jésus, en pleine expansion chinoise, a ouverte l'année même de son arrivée en Chine sous l'impulsion du lettré Ma Xiangbo, très lié aux jésuites, qui fondera un peu plus tard la toujours célèbre université de Fudan.

La France est à cette époque très en retard sur l'Angleterre, les États-Unis et l'Allemagne en ce qui concerne son implantation économique en Chine (la situation n'a guère changé aujourd'hui). Elle met tout son espoir dans l'enseignement de sa langue et le rayonnement de sa culture. Selon un dicton de l'époque, « l'anticléricalisme n'est pas un produit d'exportation ! ». Le gouvernement français s'appuie donc sur les congrégations religieuses pour amplifier sa présence. Les jésuites, secondés par l'ordre féminin des Auxiliatrices des âmes du purgatoire, jouent un grand rôle à Shanghai.

Comme professeur à l'Aurore, Auguste Haouisée enseigne la philosophie et les belles-lettres. Un de ses élèves, géologue, Weng Wenhao, avec qui il gardera toujours des relations amicales, deviendra brièvement Premier ministre de la

Chine en 1948. Quarante ans plus tard, sous Mao, l'Aurore est devenue l'Université médicale n° 2 de Shanghai. On peut encore y voir quelques bâtiments vétustes datant de sa création au début du XXe siècle. À ma grande surprise, dans un Shanghai saisi par la fièvre immobilière, je les ai encore aperçus debout tout récemment. En dépit des aléas de l'histoire, cette université a gardé une tradition francophile. Une partie de ses médecins vient toujours se former en France, ce qui, pour un Français en Chine, en fait une exception appréciable aujourd'hui.

Après les années d'enseignement à l'Aurore, le père Auguste devient curé de Pudong – le Pudong agricole et ouvrier de l'époque, devenu maintenant centre financier international. Son église, Notre-Dame-des-Sept-Douleurs, avec une réplique de la grotte de Lourdes dans son parc, existe toujours. Cette petite église, sortie d'une campagne française, dont le clocher devait autrefois dominer la plaine est aujourd'hui perdue au milieu des gratte-ciel vertigineux qui l'entourent. J'y ai rencontré le père Mathias Chen, âgé alors de quatre-vingt-huit ans. Il avait assisté, jeune prêtre, tant au sacre qu'aux obsèques de mon grand-oncle et en gardait un souvenir ému.

Après quelques années de vie pastorale dans cette zone encore rurale mais de plus en plus ouvrière, Auguste Haouisée devient recteur de la résidence centrale des jésuites à Xujiahui, dans la partie sud-ouest de la ville, là où il a terminé ses études. Dès le premier dimanche que je passe à

Shanghai, je me rends à l'église qui est devenue depuis la cathédrale du diocèse pour l'Église catholique patriotique. Ma visite a un objectif avant tout familial, mais je constate que l'assistance assez nombreuse à la messe dominicale (les messes se succèdent toutes les heures) satisferait certainement plus d'un curé de nos paroisses françaises. J'ai l'impression de me retrouver dans une église d'avant le concile Vatican II, décorée de tableaux sulpiciens. Et, de fait, l'Église catholique patriotique n'a pas connu les soubresauts du concile Vatican II. Certes sa liturgie se célèbre en chinois mais elle suit encore un rituel préconciliaire. À la fin de la cérémonie, je rencontre le père Shen Zhengan, dernier prêtre à avoir été consacré par Mgr Haouisée.

Sacré évêque coadjuteur du vicaire apostolique de Nankin en 1928, mon grand-oncle prendra sa succession en 1931. On peut admirer son portrait épiscopal dans l'église d'Évran, avec son nom décliné en caractères chinois. Transcrit phonétiquement en chinois, cela donne quelque chose comme « un homme à la charité active ». J'ignore à quel moment il est devenu explicitement évêque de Shanghai. À l'époque sa cathédrale n'était pas l'église de Xujiahui, mais celle de Dongjiadu, de style portugais, qui se trouve aujourd'hui sous les impressionnantes bretelles autoroutières du pont de Nanpu, l'un des deux « dragons » que j'ai évoqués plus haut. C'est là qu'il officia en tant qu'évêque. C'est là qu'il a été enterré. C'est là que sa tombe a été profanée lors de la Révolution culturelle et que ses ossements ont été dispersés. J'ai cependant pu identifier exactement l'endroit où se trouvait sa tombe grâce au père Ignace Wei Ling. L'emplacement n'est plus que partiellement dans l'église. L'usine voisine ayant eu besoin de se développer, un mur a été construit là où était la sépulture dont il ne reste plus aucune trace aujourd'hui. J'ai toujours le projet d'y faire apposer un jour une plaque commémorative. Cela me demandera une certaine diplomatie parce que le christianisme de l'époque reste indissociablement lié au mauvais souvenir de la colonisation.

Le père Ignace était un personnage très attachant. Jésuite du temps de mon grand-oncle, il a été mis en prison en 1952 lorsque Mao, une fois son pouvoir bien installé, s'est attaqué à la vie religieuse qu'il voulait éradiquer. Il a alors expulsé tous les missionnaires étrangers et, au cours des années suivantes, mis sous les verrous les évêques et les prêtres chinois qui refusaient de s'affilier à l'Association catholique patriotique dont il voulait s'assurer la maîtrise. C'est ainsi que le père Ignace a été emprisonné en même temps que son évêque, Mgr Kung Pin Mei, successeur de Mgr Haouisée mort en 1948, un an avant l'arrivée de Mao au pouvoir. Ignace n'est resté en prison « que » douze ans, alors que son évêque y a croupi trente ans. C'est ce dernier que Jean-Paul II, en 1979, a élevé à la dignité du cardinalat *in pectore,* c'est-à-dire sans révéler son identité, pour ne pas aggraver sa situation. Enfin libéré, il a appris qu'il était cardinal lors de sa rencontre privée avec le pape en 1988. Il avait alors quatre-vingt-sept ans et était déjà trop vieux pour participer à un éventuel conclave. Il s'est installé aux États-Unis où une partie de sa famille s'était exilée et est devenu un ardent défenseur de l'Église catholique romaine clandestine en Chine. Collecteur acharné de fonds, soutien indéfectible des évêques et prêtres clandestins, il est devenu un sujet de discorde diplomatique entre Pékin et Washington. Le sujet était à l'ordre du jour de chaque rencontre au sommet entre les deux chefs d'État. Il est mort en l'an 2000 aux États-Unis, à l'âge de quatre-vingt-dix-neuf ans.

La distinction entre l'Église catholique clandestine et l'Église catholique patriotique est loin d'être aussi claire que l'exigerait notre esprit cartésien. « En fait, explique le père Benoît Vermander, l'opposition ainsi tracée entre deux Églises est trompeuse : il n'y a jamais eu de schisme déclaré en Chine et il n'y a pas officiellement deux Églises, même s'il est vrai que les évêques se regroupent en deux conférences épiscopales distinctes[3]. » D'une part, Rome reconnaît certains des évêques choisis par Pékin. D'autre part, plus on s'éloigne de la capitale, moins la répression se fait sentir. Il arrive que l'Église clandestine ait pignon sur rue et dispose d'une église au centre du village ou de la ville. Ainsi que le révèle le journal *La Croix*, « entre les évêques chinois "officiels" (soixante-dix-neuf, dont les trois quarts sont reconnus par le Vatican) et les évêques "clandestins" (on parle d'une cinquantaine), les liens se sont en fait resserrés, au point que certains cohabitent sous le même toit près de leur église[4]. » Le Vatican ne désespère pas de régulariser un jour la situation avec Pékin[5]. En période de rapprochement, la nomination de nouveaux évêques se fait rare ou d'un commun accord. Par contre, quand la tension s'accroît, on se bombarde mutuellement à coups de consécrations épiscopales unilatéralement décidées. La canonisation par le Vatican, le 1er octobre 2000, de cent vingt « martyrs de l'Église de Chine » n'a fait qu'ajouter à la confusion[6].

Mgr Haouisée avait fait venir auprès de lui une de ses sœurs de sang qui appartenait à l'ordre des Auxiliatrices : sœur Sainte-Aurélie. Celles-ci avaient créé, à côté de la résidence des jésuites, le « Jardin Notre-Dame » (Seng Mou Yeu), vaste complexe humanitaire qui regroupait des écoles (dont l'Étoile du matin, devenue célèbre dans les concessions étrangères), des ateliers, un dispensaire, un internat et un orphelinat dont l'utilité se révélerait primordiale pendant l'occupation japonaise. Mère Sainte-Aurélie devait en prendre la direction et faire face aux conséquences d'une guerre dont le massacre de Nankin illustre à jamais la cruauté. Le dévouement, corps et âme, tant de Mgr Haouisée que de mère Sainte-Aurélie à l'égard de la population chinoise ne peut être mis en doute. Mais pour les Chinois, l'action des missionnaires reste liée à la « politique de la canonnière » et à l'entreprise coloniale menée simultanément par les puissances occidentales.

Des gravures populaires antichrétiennes, largement diffusées à Shanghai, fustigeaient alors le christianisme et l'intrusion étrangère.

À la même époque, plus précisément de 1934 à 1948, un évêque orthodoxe ukrainien, Mgr Jean Maximovitch, affrontait des problèmes analogues à partir de la colonie russe. Animé par le même zèle, baptisé le *wonderworker*, le « faiseur de miracles », il a été canonisé par l'Église russe quelques années après sa mort et est honoré aujourd'hui comme saint Jean de Shanghai et de San Francisco. Ayant récemment voulu visiter son église, j'ai eu la douloureuse surprise de constater qu'au moins son rez-de-chaussée est toujours utilisé comme boîte de nuit !

Lors de mes premiers séjours à Shanghai, j'ai recherché avec un de mes amis chinois qui avait une voiture les dernières religieuses ayant vécu avec ma grand-tante. Après plusieurs essais infructueux, nous avons fini par les retrouver près de Pudong. Il en restait une vingtaine, déjà très âgées et dans l'ensemble plutôt toutes petites. J'espérais qu'elles me raconteraient des histoires sur mère Sainte-Aurélie, mais tout ce qu'elles ont réussi à me dire en français, c'était : « Elle était si petite, si petite, et si bonne, si bonne ! » Pour elles, j'étais comme un ange descendu du ciel, venu ressusciter des souvenirs très anciens que la dureté de l'histoire les avait amenées à enfouir profondément dans leur mémoire. Mère Sainte-Aurélie vivait encore en 1949 à l'arrivée de Mao. Elle a fait partie des missionnaires expulsés. Elle est revenue en France et est décédée peu après.

L'une de mes sœurs, Yvonne Henry, s'est beaucoup intéressée à l'histoire de Mgr Haouisée et de mère Sainte-Aurélie[7]. Elle est allée fouiller les archives des jésuites à Chantilly. L'image qu'elle en a retirée est celle d'un homme généreux, entièrement dévoué aux Chinois dont il avait la charge pastorale, mais très éloigné cependant de l'ouverture dont avaient fait preuve les premiers jésuites venus en Chine à la fin du XVIe siècle : les Michele Ruggieri, Matteo Ricci et leurs compagnons. Il s'était entièrement donné à la Chine, pouvait prêcher en mandarin comme en shanghaïen et parsemait ses sermons de nombreux proverbes chinois, mais il n'arrivait pas pour autant à faire suffisamment confiance aux Chinois qu'il avait formés pour recommander l'un d'entre eux à sa succession. Rome n'a pas tenu compte de ses avis et, avec raison semble-t-il, a finalement nommé pour lui succéder un Chinois, le père Kung, qui était certainement le mieux armé pour faire face aux situations conflictuelles que la Chine allait bientôt connaître.

Le « père étranger »

Dès que les circonstances me le permirent, je revins à Shanghai pour des vacances personnelles. Zhu Ping était impatient de me présenter à sa famille qui vit à Zhuji, « petite » ville de deux cent mille habitants, dans la province du Zhejiang, au sud de la mégapole. Nous avions décidé de partir par le train. À la gare, il prit des billets pour le premier train en partance, sans regarder s'il s'agissait d'un express ou d'un omnibus – trois heures de trajet dans le premier cas, six dans le second. Nous retrouvant dans un omnibus, je m'étonnai de son indifférence à la durée du trajet. « Mais c'est la même distance ! » me répondit-il. Je commençai à comprendre que nous n'avions pas la même notion du temps. La langue chinoise, en effet, ne comporte aucune conjugaison. Ni passé ni futur. Encore moins des conditionnels ou des subjonctifs. Cela ne veut pas dire qu'elle ne distingue pas hier de demain, loin de là ; mais cela signifie indubitablement que le temps ne structure pas la vie chinoise comme il le fait de la nôtre avec notre obsession de l'accord des temps...

À Zhuji, le père et la mère, qui sont de ma génération, m'accueillirent à bras ouverts. Ils décidèrent aussitôt de m'adopter comme membre de la famille en tant que « père étranger » de leur fils. Quand je rendis compte de cette adoption à un de mes amis chinois de Paris, il ne me contredit pas, mais je vis à son petit sourire qu'il n'en croyait rien : « Bernard est bien naïf de penser qu'une famille chinoise accueille aussi facilement un étranger dans son sein », pensait-il en silence. À Zhuji, nous vivions alors dans une sorte de HLM plutôt misérable qui ne pouvait contenir plus de deux lits. Quand la famille avait de la visite, il fallait se presser les uns contre les autres. Alors, nous disposant tête-bêche dans un des lits, nous dormions ensemble, Zhu Ping, son père et moi. La tête de celui qui dormait au milieu voisinait avec les pieds des deux autres. Lorsque, quelque temps plus tard, je rencontrai de nouveau mon ami chinois de Paris, je lui racontai cette anecdote. Tout étonné il me dit : « Ils font vraiment cela avec toi ? Alors c'est qu'ils te considèrent effectivement comme un membre de la famille ! Ils ne feraient jamais cela avec un étranger. » C'est ainsi que j'ai gagné mon certificat de réelle appartenance à une famille chinoise. Il m'arrive de passer un mois avec elle. Quand je rentre en France, certains de mes amis me demandent ce que j'ai visité : « Rien, absolument rien » est généralement ma réponse. Je me contente de m'immerger dans la vie familiale et je considère que c'est déjà un travail à temps plein que d'essayer de comprendre ce qui se passe dans une famille chinoise !

Aucune ampoule ne fonctionnait dans la cage d'escalier au premier étage encombré de plusieurs bicyclettes. Chaque palier était muni de deux poêles à charbon sur lesquels les habitants des deux appartements, à droite et à gauche, faisaient chauffer de grosses bouilloires d'eau jusqu'à ce qu'elles se mettent à siffler. Le sol, les murs étaient recouverts de la poussière noire qui en émanait. Grimper quatre étages la nuit, sans lumière, était pour moi une véritable course d'obstacles.

Nous disposions d'un téléphone posé sur un meuble appuyé contre un mur. Celui-ci servait de pense-bête pour toutes les conversations téléphoniques de la famille. Numéros de téléphone, messages en caractères chinois s'inscrivaient comme autant de graffitis sur ce mur qu'on badigeonnait de blanc quand il n'y avait plus de place pour y noter quoi que ce soit.

Nous avions aussi une petite salle d'eau dont la douche n'avait jamais servi, faute d'alimentation en eau chaude. Une bassine en plastique rouge de très grand diamètre occupait la cabine ainsi laissée libre. Elle servait d'aquarium pour les poissons que nous achetions au marché et que nous gardions vivants jusqu'au moment de les cuisiner. Un jour, voulant utiliser les toilettes, j'y trouvai un magnifique canard aux plumes fluorescentes attaché à la cuvette par une ficelle. Je me sentis doublement obligé de m'excuser auprès de lui pour la nécessité où j'étais de le déranger et surtout parce que c'était en l'honneur de mon arrivée qu'il allait bientôt passer à la casserole.

Le développement, jusqu'au vertige

Aujourd'hui nous habitons un vaste appartement de cent vingt mètres carrés dans une résidence qui constitue une petite ville à elle seule : plus de trois mille personnes y vivent dans un environnement d'arbres, de fleurs, de toboggans pour les enfants, de statues, avec, au milieu des nombreux bâtiments, un hôtel-restaurant à la disposition des habitants pour faciliter la réception de leurs invités. En dix ans, de telles résidences se sont développées dans et autour de Zhuji. La superficie de la ville s'en est trouvée multipliée par cinq. C'est peut-être le lieu en Chine où je ressens le plus physiquement ce que représente une croissance économique de plus de 10 % par an, sur plusieurs dizaines d'années. À en avoir le vertige. Et je me dis que la plupart de mes concitoyens européens ne se rendent pas vraiment compte de ce qui se passe en Chine.

Il faut dire que la province du Zhejiang où se trouve ma famille est la plus riche de Chine. Dans mon quartier parisien, je me suis lié d'amitié avec un Chinois, marchand de journaux. Il me soutient que 80 % de la richesse chinoise se trouve au Zhejiang. C'est évidemment très exagéré. Par contre, il est vrai que lorsque Pékin annonce une croissance de 10 % à faire rêver l'Europe, il s'agit d'une moyenne pour l'ensemble de la Chine. Certaines régions, en particulier dans l'Ouest, connaissent une croissance nettement moindre, mais d'autres, dans l'Est, connaissent au contraire une croissance beaucoup plus élevée. C'est le cas du Zhejiang. Et, indubitablement, c'est le cas de Zhuji, « petite » ville en pleine expansion.

Une croissance régulière, très supérieure à 10 % par an, engendre une sorte de folie qui peut dégénérer en gabegie. Lorsque je suis arrivé à Zhuji en 1998, la ville disposait en son centre d'une gare de chemin de fer toute neuve. Je découvre quelques années plus tard qu'elle vient d'être totalement détruite, ainsi que tout le quartier attenant. Une nouvelle gare, très moderne, a été inaugurée à la périphérie de la ville, entourée de nombreuses tours encore en chantier, en prévision de l'ouverture d'un quartier financier. En bon Occidental, je dis à Zhu Ping : « Cette gare a sans doute été construite pour l'arrivée prochaine du TGV.

– Non, me répond-il, pas du tout. On projette déjà une nouvelle gare pour accueillir ce dernier ! »

En Chine, on considère que tout le canton fait partie de son chef-lieu. C'est ainsi que Chongqing est souvent présentée comme la plus grande ville de Chine avec ses trente millions d'habitants. Mais c'est en comptant tous ceux qui occupent le territoire qui en dépend. L'agglomération elle-même n'est pas (du moins pas encore) la plus peuplée de Chine. En comptant son canton, Zhuji est une ville d'un peu plus d'un million d'habitants. C'est la capitale nationale de la perle d'eau douce. Sa campagne est trouée de pièces d'eau où l'on voit flotter des bouteilles en plastique qui indiquent l'emplacement des réserves d'huîtres perlières. Dans les fabriques, les perles sont stockées dans de grands paniers d'osier. Elles sont vendues au kilo. Mais on les retrouve aussi montées sur toutes sortes de bijoux, sur des statuettes de décoration et même sur des cravates. Les exploitants agricoles du Zhejiang sont très nombreux à être millionnaires. Ils ne sont guère appréciés des citadins qui les appellent les « messieurs gros sous ». La plupart cultivent du thé ou élèvent des huîtres perlières. Leur habitat, loin de ressembler à nos fermes, est constitué de grandes maisons toutes neuves qui donnent l'impression d'être de petits châteaux, coiffés, dans la région de Hangzhou, la capitale du Zhejiang, par un petit clocher qui a pour but de surélever le paratonnerre. Arriver en train à Hangzhou donne le sentiment de filer au milieu de champs couverts d'églises !

Mais Zhuji n'est pas seulement une ville agricole. On y produit aussi 30 % des socquettes vendues dans le monde. Les usines ne peuvent tourner qu'avec l'apport d'une main-d'œuvre provenant de provinces parfois lointaines. Il faut donc l'héberger. Il y a encore quelques années, c'était dans des immeubles au confort sommaire qu'elle était logée. Aujourd'hui, les chefs d'entreprise, s'ils veulent conserver leur main-d'œuvre, sont obligés de les remplacer par des immeubles qui offrent toutes les commodités de la vie moderne. Ce n'est malheureusement pas encore le cas dans le grand sud de la Chine qu'on appelle parfois l'« usine du monde ».

Malgré tout cela, Zhuji est une ville totalement inconnue de la plus grande partie des Chinois. Si vous voulez réveiller leurs souvenirs, il faut évoquer Xi Shi, la première des quatre beautés légendaires de la Chine antique. Son histoire, ou du moins sa légende, remonte à la période dite des Royaumes combattants (475 à 221 avant J.-C.). Le roi du royaume de Yue gagna une de ses guerres contre le royaume de Wei. Le roi vaincu choisit la plus belle fille de son royaume, une blanchisseuse qui lavait le linge dans la rivière qui traverse Zhuji. Il lui donna une éducation raffinée et l'offrit au roi vainqueur. Ce dernier, complètement séduit par cette beauté extraordinaire, négligea ses activités militaires. C'est ainsi que le roi de Wei put prendre sa revanche sur les champs de bataille. À Zhuji, Xi Shi est honorée par un temple, sur la berge du fleuve Puyang où elle venait laver son linge. Le fleuve s'est longtemps appelé le « lavoir à lin » en souvenir de la célèbre beauté. Lors de mon premier séjour, le père de Zhu Ping m'a accompagné jusqu'au temple. À l'intérieur, il m'a montré une énorme cloche en bronze d'environ un mètre cinquante de hauteur et m'a dit : « Cette cloche appartenait à ma famille. C'était la cloche du monastère bouddhiste qui se trouvait autrefois sur notre propriété. Le monastère a brûlé et nous avons gardé la cloche comme un trésor de famille. Jusqu'à l'arrivée de Mao. (Il a dit en fait, comme tous les Chinois : "Jusqu'à la Libération".) Elle nous a été prise alors comme presque la totalité de notre domaine. C'est bien qu'elle soit ici, offerte désormais à l'admiration de tous les visiteurs. » Je n'ai ressenti aucune amertume, aucune acrimonie dans ses propos.

Un propriétaire terrien honni

Le grand-père paternel de Zhu Ping était en effet un grand propriétaire terrien. En anglais, on dit un *landlord* et je crois qu'on peut prendre le mot « lord » presque à la lettre. J'ignore le nombre d'hectares qu'il possédait mais il était l'un des grands producteurs de riz de la région. Le feng shui (géomancie traditionnelle chinoise) recommande que les villes s'appuient contre une montagne ou au moins contre une colline, et se développent jusqu'à la rivière coulant à ses pieds. Zhuji ne déroge pas à la règle. Elle a été construite au pied d'un massif montagneux entièrement couvert d'arbres, et la ville telle que je l'ai connue à mon arrivée se contentait d'occuper l'espace entre la montagne et la rivière. Toute la montagne appartenait au grand-père. Aujourd'hui elle est transpercée de tunnels pour assurer les communications avec l'Est et elle sert évidemment de support aux antennes de télévision, mais quand nous la traversons en voiture ou en autobus, nous évoquons toujours la « montagne du grand-père ».

Le père de Zhu Ping, Zhu Ju Yan, ne se sentait pas d'affinités particulières pour les études. À l'âge de quatorze ans, il prit l'habitude de représenter son père dans les négociations pour la vente du riz. Nous avons dans les archives familiales des photos de lui, portant la longue tunique traditionnelle et la toque qui en faisaient un petit seigneur. Mais cela ne l'empêchait pas de partager les idéaux d'égalité du Parti communiste chinois et de vibrer aux succès de l'Armée populaire de libération. En 1949, il n'avait que seize ans : trop jeune pour rejoindre officiellement ses rangs. Qu'à cela ne tienne ! Il trouva un militaire qui accepta de le prendre comme boy et, sans aucune hésitation, il quitta père et mère, le domaine et le négoce du riz, pour suivre l'armée dans son projet de « libération » du pays.

La famille vivait alors dans la campagne à quelque distance de la ville dans ce que j'appellerais, en exagérant à peine, un « palais ». Pas un palais à la mode occidentale mais une grande maison blanche sans étage dont la façade s'étendait sur plusieurs dizaines de mètres. Ses multiples cours déterminaient l'organisation de la vie sociale de la famille (au sens large du terme). On peut encore aujourd'hui visiter dans les environs de Zhuji quelques-uns de ces palais relativement bien conservés.

Arrivé au pouvoir le 1er octobre 1949, Mao Zedong engagea dès 1950 une politique agraire d'envergure. Tous les propriétaires terriens furent dépossédés de leurs domaines. Le grand-père de

Zhu Ping fut arrêté, mis en prison, où il mourut trois mois plus tard sans qu'on sache s'il s'était suicidé, s'il était décédé de mort violente ou si, plus simplement, la privation d'opium lui avait été fatale. Les autorités autorisèrent sa femme à conserver l'usage de trois pièces dans le palais. Plus de vingt familles d'agriculteurs y étaient par ailleurs installées.

La grand-mère faisait partie de la dernière génération des femmes à avoir eu les pieds bandés. Certes de façon moins drastique qu'à l'époque de l'Empire, mais de façon suffisante pour l'empêcher de marcher normalement et de s'adapter à la vie moderne, si différente de celle qu'elle avait connue depuis l'enfance. Toujours bien habillée, toujours le sourire aux lèvres (une Chinoise bien éduquée devant toujours accueillir avec le sourire les pires catastrophes qui lui arrivaient), elle entretint de bonnes relations avec ses nouveaux colocataires. Du moins jusqu'à la Révolution culturelle, déclenchée en 1966 par Mao qui sentait sa position compromise par les luttes au sommet de l'État. Non pas que ses nouveaux voisins l'aient soumise à des vexations, ils avaient trop de respect pour elle, mais s'ils lui adressaient la parole, ils risquaient d'être dénoncés comme « révisionnistes », pactisant avec la veuve d'un propriétaire terrien. Ses enfants lui envoyaient-ils des colis de produits alimentaires ? Ils ne lui étaient plus distribués. Avait-elle envie de fumer ? Il lui fallait ramasser les mégots que les paysans laissaient tomber dans les cours de ferme qu'étaient devenues les cours du palais. Personne à qui parler. Personne à qui se confier, sauf à son petit-fils, Zhu Ping, que ses parents envoyaient passer ses vacances scolaires chez la grand-mère. À lui, elle pouvait faire part de sa souffrance. À lui, elle pouvait confier ses souvenirs. Il est de ce fait le détenteur de sa mémoire meurtrie.

La famille est toujours propriétaire des trois pièces laissées à la disposition de la grand-mère. Pour *Qingming*, la fête chinoise des morts qui tombe le 4 ou le 5 avril de notre calendrier, nous pouvons encore aller dans les champs voisins honorer les tombes qui ont survécu tant à la Libération qu'à la Révolution culturelle. L'ensemble du palais est aujourd'hui en triste état. Certaines parties ont été transformées en poulaillers ou en porcheries. D'autres ont brûlé au cours des décennies et n'ont pas été reconstruites. D'autres, au contraire, ont fait l'objet d'aménagements sans aucun respect du style architectural propre à ces vieilles demeures chinoises. Bref, l'ensemble n'a plus du tout l'allure d'un palais.

Du côté maternel de Zhu Ping, l'ascendance est toute différente. Le grand-père était pasteur protestant ! Peut-être n'avait-il pas vraiment le titre de pasteur mais sa famille vivait dans les bâtiments qui entouraient le temple de la région. Le temple a subi les bombardements japonais et a été entièrement détruit. Il n'en reste que quelques bases de piliers, mais la famille est toujours propriétaire des bâtiments encore debout et qui sont actuellement en danger de destruction totale pour laisser le passage à une prochaine autoroute interurbaine. À l'occasion d'une visite de ce lieu complètement abandonné, mes amis m'ont donné des sacs entiers de petits objets dignes d'un antiquaire en me disant : « Ils seront mieux protégés chez toi en France. » Entre autres, ils m'ont offert quelques coupelles de porcelaine qui servaient au grand-oncle, Yu Rentian, peintre de renom. Dans les années 1970, un dicton disait : « Il y a deux peintres en Chine : Huang Binhong pour la Chine du Nord, Yu Rentian pour celle du Sud. » Plusieurs musées lui sont aujourd'hui consacrés dans la province du Zhejiang.

Au fil des années, j'ai compris que je n'avais pas été accueilli dans une famille ordinaire. Une autre m'aurait-elle d'ailleurs adopté ainsi, sans aucune réserve ?

Frère aîné, sœur cadette

À seize ans, le père de Zhu Ping a donc rejoint les rangs de l'Armée populaire de libération et commencé à en gravir les échelons. Mais lors de la Révolution culturelle, ses compagnons se sont souvenus de son appartenance à la classe sociale entre toutes honnie. Autour de lui, tout le monde avait oublié l'enthousiasme avec lequel il avait rallié l'APL, abandonnant son père et sa mère à leur triste sort. On l'a donc traîné dans les rues de sa ville de garnison avec un bonnet d'âne sur la tête et, autour du cou, un panneau proclamant son infamie : être le fils d'un propriétaire terrien. Il m'a confié un jour : « J'ai alors compris que je ne pourrais jamais faire carrière dans l'armée. Mon origine me poursuivrait toujours. Alors, dès que j'en ai eu le droit, à quarante-cinq ans, j'ai pris ma retraite. » Cela coïncidait avec l'arrivée de Deng Xiaoping au pouvoir. Il s'est alors mis dans ce que les Chinois appellent le « business » sans qu'il soit toujours très clair de quel « business » ils veulent parler. En dépit de toutes ces avanies, il est resté profondément fidèle à l'idéal de sa jeunesse. « Le vrai communisme n'a encore jamais été réalisé dans le monde », aime-t-il à rappeler de temps en temps. Et quand, dans la famille, une querelle éclate, ses interlocuteurs ne trouvent pas de pire injure que de lui lancer : « Espèce de vieux communiste ! »

Une querelle entre le fils et le père ? Voilà qui n'est guère dans l'esprit du confucianisme. Et pourtant, en regardant vivre ma famille, j'en décèle souvent des traces perceptibles. Les mentalités en sont encore profondément imprégnées. Il est inscrit jusque dans la langue elle-même. Zhu Ping a deux sœurs plus jeunes que lui. Quand nous nous parlons, nous utilisons un anglais truffé de toutes les expressions chinoises que je connais. Voulant lui parler de l'aînée de ses sœurs, je lui dis « ta *jiejie* ». Il s'insurge : « Je n'ai pas de *jiejie* ! » Je lui rétorque : « Tu as deux sœurs qui ne sont pas des jumelles, tu en as donc une qui est l'aînée de l'autre. » Il me répond vigoureusement : « Non, je n'ai pas de sœur aînée mais seulement deux sœurs cadettes (*meimei*). Je suis leur *gege* (frère aîné) à toutes les deux. » Je prends alors conscience qu'en chinois, il n'y a pas de mot pour dire « frère » ou pour dire « sœur ». On est soit frère aîné, soit frère cadet. Et de même pour les sœurs. C'est que l'ordre chronologique dans lequel on naît détermine la position sociale dans l'organisation confucéenne de la famille. Le frère aîné, le *gege*, est le chef de famille, après le père. Cela est vrai depuis des millénaires jusqu'à aujourd'hui. À la mort de ses parents, Zhu Ping sera leur seul héritier. Les sœurs cadettes ne comptent pas. Et d'ailleurs, dès qu'elles se marient, elles quittent la hiérarchie de leur famille d'origine et occupent une place définie sur d'autres bases dans la hiérarchie familiale de leur mari. Les féministes ont encore bien du travail à faire en Chine !

Dans notre famille, la mère semble trouver son bonheur à être entièrement dévouée à « ses » hommes (son mari, son fils, un de ses petits-fils qui fait partie de la maisonnée et moi désormais). Cela ne la confine pas à la cuisine pour autant, car ce sont souvent les hommes qui cuisinent, mais je la rends malheureuse si je me mets en tête de laver mes propres vêtements. Et ceux de mes amis qui l'ont vue, debout près de son fils en train de calligraphier un texte, l'ont aperçue, dans une concentration profonde, anticiper de la main chaque mouvement de son pinceau. Totalement identifiée à son fils. Mais je ne l'ai jamais vue s'emparer du pinceau.

En 2004, j'eus la surprise de trouver à Zhuji la tante de Chengdu, dans le Sichuan (environ deux mille kilomètres à l'ouest), accompagnée de son mari. « Quel dommage que tu ne sois pas arrivé quelques jours plus tôt : tu aurais rencontré l'oncle de Pékin (mille huit cents kilomètres au nord) et son épouse. » Je me demandai ce qui avait bien pu motiver, côté paternel, cette réunion familiale extraordinaire. Ce n'est que quelques jours plus tard que j'en découvris la raison : la grand-mère, celle qui avait connu un destin tragique au moment de la Libération et de la Révolution culturelle, celle dont toute la famille vénère la mémoire, aurait eu cent ans en ces jours de 2004. Ses deux fils et sa fille se réunissaient pour célébrer ce centenaire posthume. En Europe nous fêtons certes le centenaire de grands écrivains, de peintres ou de compositeurs, éventuellement de certains hommes politiques, mais dans ma famille bretonne, où nous avions tous un grand amour pour notre mère, il ne nous est pas venu à l'esprit, ni à mes deux sœurs ni à moi-même, de nous réunir en 2001 pour célébrer ce qui aurait été son centenaire.

Je vois dans cette réunion commémorative la manière, pour ma famille chinoise, de perpétuer la tradition immémoriale du culte des ancêtres. Il ne s'agit pas d'une tradition proprement religieuse. « C'est une métaphysique laïque, explique Cyrille Javary, pratiquée sans clergé, sans église et sans livre saint : une niche dans un mur lui suffit comme chapelle, un fils aîné comme officiant[8]. » Trente années de maoïsme ont éradiqué la pratique domestique de ce culte. Dans les foyers qu'il m'a été donné de visiter, je n'ai jamais vu d'autel des ancêtres sur lequel on aurait posé des tablettes portant le nom des aïeux des cinq générations précédentes. En ce sens, le culte des ancêtres qui a fait obstacle au XVIIe siècle à l'extension du christianisme n'existe plus vraiment en Chine continentale, du moins plus dans la Chine urbaine. Mais le sentiment de faire partie d'une chaîne dont les vivants et les morts des générations précédentes sont les maillons, ce sentiment, lui, reste profondément ancré dans la conscience des Chinois d'aujourd'hui.

Dans la campagne de Zhuji on trouve encore des temples dédiés au culte des ancêtres. Trop éloignés des voies de communication pour que les gardes rouges soient parvenus à les détruire au cours de la Révolution culturelle. Certains sont des temples familiaux, constitués d'un kiosque central qui abrite une estrade sur laquelle les cérémonies familiales du souvenir se déroulaient. Des bois sculptés ornant en diagonale chacun de ses piliers arrimés à la toiture représentent des scènes de la vie quotidienne à l'époque de sa construction.

D'autres temples sont dédiés aux personnages célèbres locaux, en particulier les Premiers ministres s'il y en a eu au cours des différentes dynasties. Souvent des bâtiments encadrent le temple, permettant d'y tenir des banquets qui réunissaient tous les habitants du village. Aujourd'hui l'ensemble est devenu comme une maison de la culture ouverte à tous. Les enfants jouent au ping-pong sous les effigies de leurs prestigieux ancêtres et les anciens jouent au mah-jong dans la salle des banquets.

Plus je vieillis et plus la liste de mes proches et de mes amis décédés tend à s'allonger. Le père Alexis, abbé de Boquen, dans les derniers mois de sa vie, me confiait qu'il se sentait bien seul, tous ses vieux amis l'ayant précédé dans la mort. Ses amis plus jeunes ne pouvaient les remplacer.

À hauteur des nuages

Je suis de plus en plus sensible au caractère profondément humain du culte chinois des ancêtres. Pour moi, aujourd'hui, constituer un album de portraits de tous ceux que j'aime et qui ont disparu serait comme créer mon autel domestique pour garder vivante la mémoire de ceux qui m'ont précédé.

L'énergie du trait

Le grand-oncle, Yu Rentian, était peintre mais ses descendants se consacrent essentiellement à la calligraphie. Le père de Zhu Ping est reconnu comme calligraphe sur le plan national. Il est fier de me montrer ses titres et ses médailles. Il appartient à plusieurs associations ou académies de calligraphes, tant sur le plan local que provincial et national. Certaines de ses œuvres paraissent dans les revues spécialisées. Quand je me lève vers six heures du matin, je le trouve assez souvent debout devant sa table, dans la salle qui est réservée à la calligraphie dans notre nouvel appartement. Mais Zhu Ping est aussi excellent calligraphe. S'il n'a jamais cherché les titres nationaux, il a déjà eu l'occasion d'exposer ses œuvres à Tokyo. Le père et le fils sont capables de rester des heures à discuter devant un livre reproduisant d'anciennes calligraphies, admirant l'énergie qui s'exprime dans chaque trait, ou devant une calligraphie réalisée par l'un ou l'autre et même devant un seul de ses caractères. La mère, parfois, se joint à la discussion. Moi, je reste silencieux, conscient que, quoi que je fasse, je ne percevrai jamais les subtilités qu'ils y décèlent.

Le père s'est spécialisé dans un type très particulier de calligraphie. Son pinceau court sur la feuille en dessinant ce qui nous fait penser à des herbes folles. Très apprécié des Chinois, ce type de calligraphie répond mal aux critères esthétiques des Occidentaux. Peu de Chinois sont aujourd'hui capables de la déchiffrer. Au contraire, Zhu Ping a mis un point d'honneur à apprendre et mémoriser tous les styles de calligraphie depuis les premiers caractères archaïques qui ont précédé la normalisation de l'écriture décrétée par Qin Shihuang Di, le « Premier Empereur ». Il est capable de calligraphier le même caractère en une douzaine de styles différents. Et il sait aussi les graver sur des sceaux, ce qui suppose d'inverser tous les traits pour qu'ils apparaissent dans le bon sens lorsque le sceau est apposé. C'est dans cet exercice que je vois combien son esprit est spatialisé. Ce qui serait une gymnastique impossible pour moi lui semble tout naturel. Quand nous visitons le temple du Ciel à Pékin, je le vois souvent emprunter un seau et un balai ou un énorme pinceau pour calligraphier un texte sur le dallage d'une allée, simplement avec de l'eau. Chaque caractère disparaît dès que l'eau s'évapore. C'est en l'occurrence un geste artistique purement éphémère mais qui remplit de bonheur celui qui le pose et d'admiration pour tous les badauds qui s'agglutinent pour le contempler.

Au cours des voyages culturels que nous organisons pour des amis occidentaux, nous consacrons souvent une soirée à la calligraphie dans la salle de restaurant où nous avons pris le dîner. Très vite les commensaux des autres tables et tout le personnel du restaurant se regroupent avec nous autour de la table sur laquelle officie Zhu Ping ou son père. Ils sont comme fascinés. Mes amis européens sont également surpris par l'attention prolongée que Zhu Ping apporte aux quelques lignes verticales de calligraphie qui accompagnent presque toutes les peintures chinoises. Je l'ai vu, le soir tombé, allumer son briquet pour pouvoir examiner en détail l'un ou l'autre caractère d'un tableau pendu au mur d'une salle obscure. L'un de mes amis m'a dit un jour : « Pour eux, la calligraphie, c'est leur religion ! » Il n'était peut-être pas loin de la vérité. Quelque temps plus tard, le père de Zhu Ping, en veine de confidences, me dit : « Bernard, si la calligraphie n'existait pas, la vie ne vaudrait pas la peine d'être vécue ! »

Le pavillon des orchidées

Sur la route qui va de Shanghai à Zhuji, il nous arrive, lorsque nous accompagnons des groupes de visiteurs, de nous arrêter dans la campagne, à Lantin, le « pavillon des orchidées ». C'est un haut lieu de la calligraphie mais, contrairement à ce que son nom suggère, on n'y trouve aucune orchidée ! Demeure de Wang Xizhi (303-361) que son père avait initié à la calligraphie à l'âge de douze ans, c'est un parc couvert de bambous abritant des pavillons et comportant des pièces d'eau sur lesquelles nagent des cygnes. Wang Xizhi les aimait parce que le mouvement de leur long cou l'inspirait pour sa calligraphie. Un jour, il rencontra une vieille femme qui marchait, entourée d'une vingtaine de cygnes. Il lui demanda de bien vouloir les lui vendre mais s'aperçut soudain qu'il n'avait pas un sou sur lui. Il lui proposa alors en échange de décorer son éventail d'une calligraphie. Celle-ci en ayant tiré un bon prix, bien supérieur à la valeur de ses cygnes, revint quelques jours plus tard lui demander la faveur d'une seconde calligraphie sur un autre éventail.

Par une belle journée de l'an 353, Wang Xizhi organisa dans sa propriété un déjeuner pour un groupe d'amis lettrés (poètes, peintres et calligraphes). Ils s'installèrent sur les pierres plates qui bordaient le cours d'eau. Wang Xizhi, qui servait le vin en abondance, proposa à ses amis une sorte de concours de poésie. Il posa une coupe sur le ruisseau (les coupes à vin de l'époque étaient oblongues, n'avaient pas de pied et ressemblaient à de petites barques) et, lorsqu'elle s'arrêtait devant un de ses invités, celui-ci devait composer une poésie. C'est le recueil de ces poèmes qui s'appelle *Le Pavillon des orchidées*. Wang Xizhi en écrivit lui-même la préface qui devint la calligraphie la plus célèbre, la plus recherchée et la plus copiée de toute l'histoire de la Chine. On dit que l'empereur Taizong, de la dynastie Tang, était si obsédé par sa perfection qu'après avoir dû user d'un stratagème pour l'obtenir d'un vieux moine qui la gardait comme la prunelle de ses yeux, il se fit enterrer avec elle, non sans s'être assuré qu'elle soit recopiée en de nombreux exemplaires pour servir de modèle (et presque de norme) aux générations suivantes.

Nous nous asseyons le long du ruisseau sur les pierres qui se trouvent toujours à la place où elles accueillirent les amis de Wang Xizhi. Et nous écoutons Zhu Ping nous raconter son histoire que nous avons ensuite l'occasion de contempler gravée sur la pierre.

Sur un grand panneau figure la reproduction d'un caractère chinois tout simple, calligraphié par Wang Xianzhi, fils de Wang Xizhi. Ce caractère composé de plusieurs traits comporte un point. Le jeune garçon avait dû s'exercer à reproduire ce caractère un nombre incalculable de fois, son père lui ayant imposé de vider plusieurs chaudrons remplis d'eau pour préparer son encre, jusqu'à ce qu'il produise une callligraphie satisfaisante. Il le présenta enfin à son père qui le félicita et y ajouta le point qui manquait. Plus tard, tout heureux, Wang Xianzhi alla voir sa mère et lui présenta sa calligraphie. Elle lui dit : « Ce n'est pas mal du tout, mais seul le point est parfait ! »

Souvent le père de Zhu Ping nous rejoint à Lantin où, assis le long du ruisseau sur une des pierres plates de l'histoire, il calligraphie des petits textes à l'intention de nos amis. Avons-nous en Europe un endroit qui ait conservé jusqu'aux pierres plates le long du ruisseau le cadre bucolique de rencontres entre peintres, sculpteurs et poètes, ayant eu lieu au IVe siècle de notre ère ?

Une condamnation à mort

En Chine, l'esprit d'appartenance à un groupe ne se limite pas à la famille, il s'étend à tous les membres d'une même ville. Ce sentiment est d'autant plus fort que la plupart des villes possèdent leur propre dialecte. En entrant dans un train, Zhu Ping sait tout de suite qui vient de Zhuji et qui vient d'ailleurs. Lorsqu'ils sont amenés à vivre dans une autre ville, tous les concitoyens de Zhuji se retrouvent, comme en famille. C'est ainsi que Zhu Ping et moi avons eu l'occasion de partager la vie des ouvriers, des contremaîtres et des ingénieurs des entreprises du bâtiment de Zhuji travaillant sur les chantiers de Shanghai. En 1997, ceux-ci subirent les conséquences de la crise économique du Sud-Est asiatique (en effet, les bailleurs de fonds du miracle immobilier de Shanghai viennent essentiellement de la diaspora chinoise du Sud-Est asiatique). En 1997, l'argent venant à manquer, les chantiers s'immobilisèrent et de nombreuses tours restèrent inachevées. En compensation des travaux provisoirement non payés, nos amis de Zhuji avaient obtenu le droit d'occuper le vingtième étage non aménagé d'une tour de vingt-cinq étages, appelée la *gentlemen tower*. Ils nous invitèrent à partager leur campement provisoire.

Un soir, nous revenions du consulat de France où je m'étais entretenu avec le consul général de l'éventuelle collaboration de la France à la réalisation du musée des sciences et des techniques de Pudong. En débouchant du monte-charge au vingtième étage de la tour, un de nos amis vint chuchoter quelque chose à l'oreille de Zhu Ping. J'en fus très surpris parce que, de façon habituelle, en Chine tout le monde parle très fort. « Tous ces nouveaux venus dans la ville ne sont pas pleinement urbanisés : ils parlent fort comme s'ils vivaient encore à la campagne », m'avait expliqué un jour un ami lettré. Je me demandai donc ce qu'il avait bien pu arriver pour passer des cris habituels à un chuchotement inaudible. Nous entrâmes dans la pièce principale et je découvris une grande jeune femme, enceinte de plusieurs mois, avec un visage de madone. Zhu Ping me la présenta comme l'épouse d'un de ses proches amis. Je les laissai discuter tranquillement et, à la fin de leur entretien, il me dit : « Elle a un problème avec son mari. » J'imaginai aussitôt un problème psychologique et je fus plutôt heureux qu'elle vienne lui demander ses conseils pour régler leur différend familial. Cela prouvait à mes yeux la confiance que ses amis lui portaient.

Je n'étais cette fois-là à Shanghai que pour une mission de deux ou trois jours. En repartant pour la France, j'étais un peu surpris de ne pas les avoir vus se parler plus longuement. Quelques jours après mon retour, je reçus une longue lettre de Zhu Ping (nous n'en étions pas encore aux e-mails). Il m'expliquait qu'il n'avait pas voulu troubler mon bref séjour à Shanghai. La jeune femme n'était pas venue le trouver pour régler un problème conjugal mais bien pour lui faire part des graves problèmes à la fois financiers et pénaux auxquels son mari avait à faire face.

À cette époque, les banques étaient naturellement autorisées à alimenter les entreprises d'État. Elles avaient aussi le droit de financer les entreprises privées mais pas celui de prêter de l'argent aux particuliers pour leurs achats personnels. La législation a changé quelques années plus tard pour éviter l'éclatement d'une bulle immobilière qui, malgré cette mesure, menace toujours l'économie chinoise. Un simple citoyen qui voulait acheter une bicyclette, un poste de télévision ou un appartement devait toujours payer en argent liquide. Pour assurer son financement, il devait donc se tourner vers ses amis et leur emprunter de l'argent. À charge de les rembourser le plus rapidement possible et, le cas échéant, de devenir prêteur à son tour. Tout cela se faisant sur la base de la confiance, sans aucun papier pour en attester. « On se fait confiance sans qu'il y ait à contracter d'engagement », disait déjà Zhuang Zi au IVe siècle avant notre ère. L'économie chinoise a fonctionné de cette façon pendant des siècles et l'on me dit qu'elle continue de fonctionner ainsi dans la diaspora : à Paris, semble-t-il, les Chinois ont très peu recours au système bancaire. Il m'arrive même de penser que cette loi de l'échange mutuel définit les vraies limites d'une famille, au sens chinois du terme. Elles dépassent les liens du sang et établissent une relation permanente entre ceux qui ont un jour prêté une certaine somme d'argent et ceux à qui on sera amené à en prêter un autre jour.

L'ami de Zhu Ping, mari de la jeune femme venue le voir dans la *gentlemen tower*, était comptable dans une entreprise gérée par l'État. Très sollicité par les membres de sa famille au sens que je viens de définir, il puisait dans sa caisse pour leur assurer des prêts à court terme. Selon le contrat moral qui était passé, tout l'argent devait être rentré à la fin de l'exercice comptable pour que tout soit en règle le jour du contrôle annuel. Mais en octobre 1999, les représentants de l'État décidèrent de procéder à la privatisation de l'entreprise. De véritables vagues de privatisations eurent lieu pendant cette période, sans aucune précaution pour les conséquences sociales qu'elles pouvaient entraîner. Privatisation signifiant contrôle comptable inopiné en cours d'année fiscale, notre ami fut pris de court. La visite de sa femme à Shanghai avait pour but de déclencher l'alarme tous azimuts. Zhu Ping n'avait bénéficié d'aucun prêt mais le sort de son ami lui importait au plus haut point. La chasse aux débiteurs était lancée, mais comme certains d'entre eux étaient injoignables parce que temporairement partis à Hong Kong ou ailleurs, il fallait faire rentrer de l'argent par tous les moyens. Le jour du contrôle, il manquait encore l'équivalent de sept cent mille francs dans les caisses, soit un peu plus de cent mille euros aujourd'hui. L'ami fut arrêté. Il passa en jugement dès le mois de mars suivant. Ne s'étant pas mis un seul yuan dans la poche, il aurait pu se disculper en donnant le nom de ses débiteurs. Par fidélité à l'égard de sa famille au sens où je l'ai définie plus haut, il préféra assumer seul la responsabilité de la situation. Le verdict tomba : condamnation à mort.

En Chine, le Premier ministre de l'époque, Zhu Rongji, avait déclaré la guerre à la corruption. Il la menait avec un certain courage jusque dans l'environnement proche du président de la République. Les tribunaux avaient donc reçu la consigne d'être intraitables lorsqu'il y avait problème d'argent. Mais la peine de mort n'est pas proportionnelle ; elle est la même pour un détournement de milliards ou pour celui de cent mille euros. Heureusement la justice chinoise connaît les cours d'appel. Un juge de la cour d'appel fit discrètement savoir que si tout l'argent était rentré dans la caisse avant la date du nouveau jugement, la peine pourrait être commuée en prison à vie.

Le jeu en valait la chandelle. Mais l'appel allait être tranché dès le mois suivant, en avril 2000. Exemple concret de la justice chinoise qui peut être parfois très rapide, trop rapide. Nouveau branle-bas de combat. Il restait peu de jours pour sauver une vie. Tous les amis raclèrent le fond de leurs caisses. De France, j'empruntai dix mille francs à une amie pour contribuer au sauvetage. La veille de l'appel, un dernier apport de trois mille euros dont l'origine reste mystérieuse permit aux comptes d'apparaître en règle. La peine fut commuée. La vie de notre ami sauvée. Soulagement dans toute la famille.

On lit parfois qu'une vie humaine ne compte guère pour les Chinois. Je puis témoigner que lorsque c'est la vie d'un parent ou d'un ami proche qui est en jeu, cela n'est absolument pas vrai. J'ai vu Zhu Ping pleurer sur le sort de son ami. Celui-ci a donc été condamné à la prison à vie et a été transféré dans une prison dans l'ouest du pays, à plus de deux mille kilomètres de sa famille. Entre-temps, le bébé est né : une petite fille que nous surnommons Bibi. En Chine, pas plus qu'en France, une condamnation à vie ne signifie rester en prison toute sa vie. Ses amis estiment à dix-sept ans le temps qu'il restera éloigné de la famille.

En République populaire de Chine il faut distinguer les prisons normales des camps de rééducation appelés *laogai.* On peut être transféré dans ces derniers sans aucun jugement et la vie qu'on y mène est d'autant plus dure qu'ils ont été longtemps dirigés par les détenus les plus anciens. Avec l'accession de Deng Xiaoping au pouvoir, ces camps ont en partie changé de nature. Ils sont devenus des entités économiques autonomes et leurs directeurs des sortes de chefs d'entreprise.

On pense que les ouvriers qui ont travaillé à la réalisation de la ligne ferroviaire en haute altitude qui relie le Tibet à la Chine provenaient en grand nombre de ces *laogai*. C'est dans ce type de camps, où le droit n'a pas cours, qu'ont par exemple été déportés vers la fin des années 1990 les fidèles du Falungong, ce mouvement d'origine spirituelle devenu si populaire qu'il a été ressenti comme un danger par les autorités en place, un peu à la manière dont la rébellion des Taiping, conduite au XIXe siècle par un leader charismatique qui se présentait comme le frère cadet de Jésus, avait menacé la dynastie mandchoue des Qing[9].

Les prisons n'ont rien à voir avec ces *laogai.* Elles ressemblent aux prisons françaises, en plus modernes, parce que, comme pour tout le reste en Chine, elles sont généralement de construction récente. Notre ami s'est donc retrouvé dans une très grande prison du Xinjiang, au nord-ouest de la Chine. Ayant une formation universitaire, il a vite été distingué par les dirigeants de la prison qui lui ont demandé de s'occuper de l'alphabétisation des autres prisonniers et de leur donner des cours de culture générale. Il a pris goût à cette mission (accomplie en dehors des heures de travail obligatoire auquel il participe comme tous les autres) et il a écrit au bout de quelque temps que, tout en souffrant d'être si loin de ses êtres chers, il trouve désormais un certain intérêt à sa vie de prisonnier. Il aime éveiller les consciences. Je ne puis m'empêcher d'admirer cette capacité d'adaptation de mes amis chinois qui, au lieu de se morfondre dans leur malheur, commencent par accepter ce qui est inéluctable. *Wei jing, nei jing,* dit un poème : « À l'extérieur l'abandon, à l'intérieur la paix », une clé de la sagesse chinoise.

Sa femme et sa fille Bibi ont été complètement adoptées par la famille de Zhu Ping. Depuis sa naissance, Bibi m'a toujours connu dans son environnement. Je m'en suis rendu compte en feuilletant un jour son album de photographies : j'y figure à presque toutes les pages. C'est donc tout naturellement qu'elle m'appelle *yéyé,* c'est-à-dire « grand-père », et que, à la différence de tant de petits Chinois, elle n'éprouve aucune répugnance en présence d'Occidentaux qu'on appelle toujours les « diables de l'étranger » dans le langage courant.

Chroniques du qi gong

Un monastère sans religion

Quelques années plus tard, j'ai rencontré Liu Jianshe, directeur d'un centre de *qi gong* implanté sur l'île méridionale de Hainan. Le centre s'appelle Hexianju, ce qui peut se traduire par « lieu paisible pour rechercher la longévité sous le regard bénéfique d'une grue » (la traduction n'a en français ni la concision ni la poésie de l'original !). Les légendes créditent la grue d'une vie de six cents ans, ce qui en fait l'un des nombreux symboles de la longévité. Elle est la monture privilégiée des immortels. Lors des obsèques, on lui demande de bien vouloir s'envoler en portant l'âme du défunt vers le ciel d'occident. Le centre de Hexianju est donc mis sous sa protection.

Hainan Dao, l'« île de la mer du Sud », se situe à l'extrême sud de la Chine. Sa latitude est même inférieure à celle de Hanoi. C'est une île tropicale, autrefois recouverte d'une jungle impénétrable. L'empereur y exilait les adversaires dont il voulait se débarrasser. Être déporté à Hainan signifiait une mort assurée. La Chine de Deng

Xiaoping a choisi d'en faire un tout autre usage. Très longtemps abandonnée et gouvernée à partir de Canton, elle est érigée en province puis en « zone économique spéciale » dans les années 1980. L'argent y afflue et sa côte sud, autour de la ville de Sanya, ambitionne de devenir une riviera chinoise. Elle connaît aujourd'hui un engouement pour l'investissement immobilier qui commence à inquiéter les financiers.

Sa côte est, exposée aux vents du large qui tempèrent son climat tropical, est moins propice à l'exploitation touristique. C'est donc là, sur la baie de la « forêt de cocotiers », Yelin, que Liu Jianshe a choisi de créer un centre spirituel consacré aux techniques de longévité. J'ai décidé d'aller y faire une sorte de retraite d'un mois. Je dois avouer que je craignais un peu d'avoir à y supporter des sermons religieux. Liu a le crâne rasé à la manière d'un moine bouddhiste et je n'avais pas vraiment le désir d'être endoctriné. Heureuse surprise, au cours du mois que j'y ai passé, je n'ai eu à subir aucune agression de type sectaire. Ici il n'est question que du *qi,* cette énergie primordiale présente dans tout l'univers, présente dans notre corps et qu'il s'agit à la fois de capter et de faire circuler dans tout notre organisme.

La vie du centre était rythmée comme celle d'un monastère, les offices étant remplacés par des séances de *qi gong*. Nous nous retrouvions à six heures du matin sur la terrasse du centre. Le soleil n'étant pas encore levé, nous pratiquions pendant une bonne heure dans l'obscurité qui se dissipait au fur et à mesure que l'aube commençait à poindre. Dans la pénombre, les gestes très lents des pratiquants leur donnaient une allure de fantômes. En début d'après-midi, à cause de la chaleur, les exercices avaient plutôt lieu dans la grande salle du centre. Enfin, le soir après dîner, c'était de nouveau sur la terrasse que nous nous rassemblions. Comme c'était la période du festival du Printemps (le Nouvel An chinois), nos exercices étaient accompagnés du bruit des pétards qui éclataient un peu partout dans les villages alentour. Le ciel qui servait de toile de fond à la séance s'illuminait, tantôt à gauche, tantôt à droite, des nombreux feux d'artifice laissés à l'initiative individuelle.

Il est étrange que le festival du Printemps ait lieu en plein hiver. Sa date, fixée par le calendrier lunaire (comme la date de Pâques dans les calendriers juif et chrétien), se situe entre la mi-janvier et la mi-février et dans presque toute la Chine il fait très froid à cette période de l'année. Des vents glacés soufflent de Sibérie. Le taoïsme, qui prône le *wu wei*, le « non-agir », suppose que chacun soit toujours attentif aux forces de la nature. Observer en janvier les rigueurs de l'hiver n'a pas beaucoup d'intérêt : elles sont évidentes pour tous. Mais au cœur de l'hiver, percevoir les signes cachés du printemps qui s'annonce est l'attitude la plus prometteuse. C'est le futur prochain qu'il s'agit de capter et de célébrer.

L'image qui me semble le mieux illustrer la démarche du taoïste est celle du surfeur qui utilise la puissance de la vague pour assurer sa constante progression. Il ne pense ni au passé révolu ni à un avenir inatteignable. Il se contente de saisir les forces du présent pour assurer son avenir immédiat. Autrefois nos sociétés étaient traditionalistes. La référence était le passé qu'il s'agissait de reproduire aussi fidèlement que possible. Puis, au cours des siècles derniers, la référence qui guidait les choix politiques, du passé, s'est projetée vers l'avenir. Nos sociétés sont devenues utopistes (les « lendemains qui chantent », etc.). Le taoïste n'épouse ni l'un ni l'autre de ces modèles. Comme le surfeur, il vit le présent, tendu vers l'avenir immédiat. Il fait confiance aux forces qui l'enveloppent et le traversent, confiance au *qi*, pour assurer son avancée sur la Voie. Sans se laisser encombrer par le passé, ni trop rêver à un avenir lointain, il s'ouvre au futur immédiat en toute sérénité. N'est-ce pas aussi l'enseignement des évangiles ?

« Voilà pourquoi je vous dis :
Ne vous inquiétez pas pour votre vie, de ce que vous mangerez
ni pour votre corps, de quoi vous le vêtirez…
Qui d'entre vous d'ailleurs peut, en s'en inquiétant,
ajouter une seule coudée à la longueur de sa vie[1] ? »

Le langage est différent mais l'enseignement est le même.

Le qi gong enseigné à Hexianju est celui de la sagesse : le *Zhineng qi gong*[2], élaboré par maître Pang Ming au début des années 1980, synthèse de différents enseignements de qi gong qu'il a confrontés à ceux de la médecine occidentale. Soutenu par le ministère de la Santé publique, son succès fut immense et il forma dans son centre de très nombreux enseignants, mais la crise déclenchée par le Falungong, qui a jeté un discrédit sur toutes les pratiques de qi gong, semble l'avoir amené à se retirer de la vie publique.

Les séances du matin et du soir commençaient toujours par une série d'exercices appelés « faire monter l'énergie et la déverser sur tout le corps » (en anglais : *lift qi up and pour qi down*). Puis suivait, dans un silence absolu, la « fusion des trois centres ». Genoux légèrement pliés, la tête au ciel, les pieds à la terre, les bras embrassant un arbre devant la poitrine, nous restions immobiles pendant trois quarts d'heure. Cela semble tout simple mais c'est en réalité un exercice très éprouvant pour celui qui n'y est pas habitué. À la fin de la séance, les muscles sont fatigués comme après une course de dix kilomètres ! Au début, je ne tenais que dix minutes, puis une vingtaine. Le jour où j'ai tenu la séance complète, mes compagnes et compagnons d'exercice m'ont applaudi !

Krishnamurti a déclaré un jour : « On ne peut commander au vent. Mais on peut décider d'ouvrir la fenêtre. » Et c'est bien de cela qu'il s'agit : d'ouvrir toutes les fenêtres. Celles du corps, celles du cœur et celles du cerveau. Se vider de tous les nœuds intérieurs, d'une affectivité perturbée et d'un esprit toujours prêt à gambader. Faire le vide pour faire le plein. Faire le vide de toutes les crispations sur soi pour faire le plein d'énergie cosmique. « Le Vide vise la plénitude, dit François Cheng. C'est lui en effet qui permet à toutes choses "pleines" d'atteindre leur vraie plénitude... Il constitue le lieu par excellence où s'opèrent les transformations, où le Plein serait à même d'atteindre sa vraie plénitude[3]. » S'ouvrir donc de plus en plus largement sur l'espace infini jusqu'à ne plus faire qu'un avec lui.

Je suis rentré de Hexianju en me disant que j'avais enfin trouvé le monastère sans religion dont je rêvais depuis que j'avais quitté Boquen. Dès mes premières années à l'abbaye, j'avais en effet été convaincu que la vie monastique n'est pas un phénomène de nature vraiment religieuse. C'est au moins un phénomène trans-religieux. Nous connaissons près de chez nous des moines chrétiens catholiques romains, mais nous savons qu'il existe des moines orthodoxes, des moines bouddhistes de différentes écoles, des moines hindouistes et d'une certaine façon des moines taoïstes. Les protestants n'ont jamais exalté le célibat choisi, mais ils ont tout de même les frères de Taizé et plusieurs communautés de diaconesses qui en font un choix de vie.

Il y a donc une vie monastique, en général, qui s'adapte à la religion que pratiquent ses adeptes, en particulier. En tant que telle, la vie monastique ne s'identifie à aucune d'entre elles. Le mode de vie qu'elle propose tend à atteindre la plénitude de la vie humaine, par la mise en œuvre d'un art de vivre qui va à l'essentiel, qui permet d'atteindre l'éveil et de profiter en toute conscience de chaque instant de la vie. Raimon Panikkar, indien par son père et catalan par sa mère, qui disait de lui-même : « Je suis parti chrétien, me suis découvert hindou et retourne bouddhiste sans avoir cessé d'être chrétien[4] », voit dans le monachisme un archétype universel[5], donc un archétype de la vie humaine sans nécessaire référence à une religion donnée. L'année où son *Éloge du simple* a paru en France, j'écrivais *Du bon usage de la vie*[6] qui aurait pu s'intituler « Le monachisme est un humanisme ». Il montre comment on peut s'inspirer de la vie monastique dans la vie de tous les jours pour vivre une vie d'homme pleinement accompli.

Tête au ciel, pieds à la terre

Le plus beau cadeau que mes amis de Hexianju m'aient offert est un poème en huit vers, comportant chacun quatre caractères. Trente-deux syllabes en tout, mais qui en requièrent beaucoup plus dans la traduction en français. Ce poème est devenu mon compagnon de route et il n'est presque pas de jour où je ne me le dise intérieurement ou en murmurant le texte chinois qui semble avoir, en lui-même, une force d'apaisement. Un des assistants de maître Liu avait une voix grave dont les vibrations à elles seules suffisaient à apporter la paix intérieure. J'en propose ici une traduction personnelle, pas nécessairement littérale, mais qui n'est pas infidèle à son sens profond.

Ding tian, li di	« Tête au ciel, pieds à la terre
Xing song, yi chong	Corps détendu, la conscience se dilate
Wai jing, nei jing	À l'extérieur, l'abandon ; à l'intérieur, la paix

Xin cheng, mao gong	Le cœur comme un lac d'eau limpide ; attitude humble
Yi nian bu qi	Pas une pensée ne venant le traverser
Shen zhu tai kong	L'esprit s'identifie au vide infini du ciel
Shen yi zhao ti	Quand l'attention revient à l'intérieur
Zhou shen rong rong	Tout est bon, tout est bien, tout est à l'harmonie du qi. »

Les maîtres de Hexianju me l'ont fait répéter et répéter encore, jusqu'à ce que je le sache par cœur, en chinois.

Ding tian, li di, le premier verset du poème propose en quatre caractères un véritable condensé de l'anthropologie chinoise. L'homme est en effet conçu comme un trait d'union entre le ciel (de polarité yang) et la terre (de polarité yin). Il est *tian/di,* « ciel/terre ». Comme un aimant qui capterait l'énergie qui, entre le ciel (pôle positif) et la terre (pôle négatif), emplit l'univers et la ferait circuler dans tout le corps. « L'Homme réunit en lui les vertus du Ciel et de la Terre ; il lui appartient pour son propre accomplissement de les mener à l'harmonie », écrit François Cheng[7].

C'est cette conception de l'homme qui fonde la pratique de l'acupuncture, attestée dès l'an 100 avant J.-C. mais précédée par la moxibustion qui s'adresse aux mêmes points corporels en utilisant, pour les stimuler ou les apaiser, la chaleur soit de cônes de pierre chauffés, soit de bâtons incandescents d'armoise séchée et broyée, au lieu d'utiliser des aiguilles. (L'armoise a été connue en France sous le nom d'« herbe royale », d'« herbe de la Saint-Jean » ou encore d'« artémise ».)

En acupuncture, le corps est conçu comme irrigué par douze méridiens auxquels s'ajoutent deux méridiens centraux, dits médians, l'un sur le devant, l'autre à l'arrière du corps. Ils partent tous du sommet du crâne, de ce point où, en qi gong, nous imaginons le fil qui nous tire vers le ciel. Il correspond, dans nos manuels d'anatomie, à la fontanelle. En chinois, on l'appelle *bai hui*, le point des « cent rencontres », c'est-à-dire le point d'où partent tous les méridiens. Et dans la méditation dite microcosmique[8], l'esprit guide l'énergie le long du méridien médian antérieur, de la fontanelle jusqu'au pubis, puis la fait remonter par-derrière, le long du méridien médian postérieur, jusqu'au sommet du crâne. Il est indubitable que dans cet exercice, l'autosuggestion joue un rôle. À Boquen, lorsque nous pratiquions notre « yoga tibétain », une de mes amies, professeur de hatha-yoga, m'avais mis en garde contre cet aspect qu'elle jugeait éventuellement dangereux. Trente ans plus tard, elle n'émettait plus les mêmes réserves. Non que l'autosuggestion ait disparu du qi gong, mais parce qu'elle constitue un outil maîtrisé pour guider l'énergie selon des circuits bien précis. Certaines écoles de qi gong utilisent également la visualisation. Elles vous recommandent de constamment faire circuler un

« sourire intérieur » dans votre corps ou encore, allongé sur le dos, d'imaginer que le soleil entre en vous par l'un de vos yeux ; vous l'ingérez, le faites circuler le long des méridiens et le restituez à la nature par l'autre œil.

L'acupuncteur établit son diagnostic en posant trois doigts sur le poignet de son patient, en leur donnant différentes pressions pour discerner son état de santé. Il choisit alors d'intervenir avec ses aiguilles sur les points qu'il juge susceptibles de débloquer le circuit de l'énergie. La maladie est en effet interprétée comme la conséquence du blocage énergétique à certains niveaux du corps.

Mais revenons à notre poème.

Xing song, yi chong, le corps doit être complètement détendu, libéré de toutes ses crispations et tensions internes pour que la conscience puisse se dilater. Ce concept de la conscience qui se dilate me facilite grandement l'exercice toujours difficile de la méditation. Faire le vide en soi n'est pas une démarche purement négative si elle s'accompagne d'une dilatation de la conscience. « C'est sur le Vide que se fixe le Tao, dit Zhuang Zi. Du Vide de l'esprit jaillit la lumière ; là se trouve le salut de l'homme[9]. »

Pour cela, *wai jing,* nous devons accepter avec respect ce qui se passe à l'extérieur et sur quoi nous n'avons aucune emprise. Les stoïciens disaient : « Ce qui est est » ! Et, *nei jing,* quoi qu'il arrive, il nous faut garder la paix. *Xin cheng,* le cœur, c'est-à-dire l'esprit, est alors comme un lac d'eau limpide que rien ne vient troubler. Image à elle seule source de paix, si on l'intériorise. *Mao gong,* cette paix intérieure nous conduit à garder une attitude humble dans toutes les situations où nous conduit la vie. L'image qui me vient ici à l'esprit est celle des moines bouddhistes que l'on voit s'incliner, les mains jointes et toujours le sourire aux lèvres, lorsqu'ils vous saluent. *Yi nian bu qi,* si l'esprit arrive à faire le vide de toute pensée, de tout discours, de toute ratiocination, *shen zhu tai kong,* alors il peut s'identifier au vide de l'espace infini. Toutes les barrières se dissolvent, rien ne l'empêche plus d'être aussi vaste que l'univers.

Shen yi zhao ti, et lorsque l'attention revient à l'intérieur, *zhou shen rong rong,* il constate que tout est bien, que tout est bon, que tout est en harmonie, tout est dans la paix. Et je me répète : *Zhou shen rong rong.*

La Vierge aux mille mains

Au moment de mon premier voyage en Chine, ma sœur Yvonne était déjà atteinte par un cancer du foie. Comme nous étions très proches, sa pensée ne quittait guère mon esprit. Lors de ma première visite à Qiyunshan, la « montagne à hauteur des nuages », je l'associais mentalement à mes exercices de qi gong. Partant de la posture que j'ai décrite plus haut, tête tirée vers le ciel et pieds bien plantés dans la terre, genoux légèrement pliés, nous tenions les bras ouverts devant la poitrine comme si nous voulions embrasser un arbre. Les mains se faisaient face, doigts légèrement écartés, comme si elles tenaient une petite balle. Puis, très lentement, elles s'éloignaient l'une de l'autre, laissant grossir la balle, aussi longtemps que chacune des mains continuait à ressentir l'autre. Elles revenaient alors l'une vers l'autre puis s'écartaient à nouveau comme les mains d'un joueur d'accordéon. L'exercice se déroulait dans une grande concentration. Il avait pour but de créer une véritable boule d'énergie entre les mains.

J'imaginais alors ma sœur au cœur de cette boule d'énergie, espérant lui communiquer un surcroît d'énergie, à dix mille kilomètres de distance. Avant de partir, je lui avais parlé du dieu égyptien Aton qui est parfois représenté rayonnant comme un soleil avec une petite main à l'extrémité de chaque rayon. Je lui avais proposé de visualiser ces petites mains s'activant dans son corps pour en dénouer les zones de trop grande tension. Je suis en effet un adepte de ce que les Américains appellent *mind over body*, reconnaissant ainsi l'influence que nous pouvons avoir sur notre corps par l'action de l'esprit. Non pas qu'à l'instar de certaines sectes je méprise ou néglige les soins de la médecine contemporaine, loin de là ! Mais je suis convaincu que ceux-ci peuvent toujours être utilement accompagnés par une influence bénéfique de l'esprit.

Lors d'un de mes premiers séjours en Chine, Zhu Ping m'emmena visiter le temple bouddhiste de Jing'An dans le sud de Shanghai. J'y découvris une grande statue d'un personnage féminin doté de plusieurs bras. « C'est Guanyin », me dit-il. Cela ne me disait rien mais évoquait pour moi Aton et ses bras solaires. Guanyin est le nom vraiment chinois donné au bodhisattva, Avalokitesvara. En l'adoptant, les Chinois l'ont féminisé et associé au souvenir d'un personnage plus ou moins historique : la princesse Mioshan qui, entièrement dévouée à son père tombé malade, sacrifia ses mains et ses yeux pour obtenir sa guérison. Elle apparut alors avec mille bras et portant un œil dans chacune de ses mille mains. Guanyin est donc souvent représentée entourée d'un soleil comportant mille bras, avec un œil dans chacune de ses mille mains.

Il n'est pas exclu que dans l'élaboration mythologique de son personnage soit intervenue une touche chrétienne. En effet, à l'époque où son mythe se mit en place, des nestoriens étaient arrivés en Chine et s'étaient installés tout près de Chang'an (aujourd'hui appelée Xi'an), capitale de l'Empire pour cette période de l'histoire. Ils avaient apporté avec eux l'image de la Vierge à l'Enfant, et Guanyin est parfois représentée vêtue de blanc et portant un enfant en bas âge dans les bras. Je reparlerai plus loin de la visite que j'ai faite des années plus tard sur le lieu d'implantation de ces nestoriens.

Bref, Guanyin représente le sommet de la compassion : avec ses mille yeux elle voit tout et avec ses mille mains elle peut tout et, elle entend tout comme son nom le suggère : « Celle qui entend les cris de ceux qui souffrent »[10]. Les taoïstes l'ont accueillie dans leur panthéon et, parmi les bodhisattvas honorés par le bouddhisme, Guanyin est indubitablement celle qui appartient le plus à la culture chinoise. Son culte est partagé par tous. Sous le nom de Kannon, elle est par ailleurs passée assez vite au Japon, à partir de l'île de Putuoshan qui lui est consacrée. Les Japonais en sont toujours restés reconnaissants et ont largement contribué à la restauration de l'île comme centre de son culte. Ils ont en particulier offert récemment toute une série de ses statues en granit. Elles ornent désormais une galerie, le long d'un de ses nombreux temples.

Putuoshan est une petite île au sud-ouest de Shanghai, dans la province du Zhejiang. C'est une île monastique, un peu à la manière du Mont-Athos en Grèce pour le christianisme orthodoxe. Avec toutefois une grosse différence, à savoir que les femmes y sont admises ! Cela étonne toujours mes amis voyageurs de découvrir une île monastique en Chine communiste. L'île a compté autrefois jusqu'à trois mille six cents moines et moniales. Lors de ma dernière visite, ils étaient de nouveau mille quatre cents. En France, l'île de Lérins n'en compte que vingt-cinq. Comme je m'inquiétais auprès d'un guide de leur mode de subsistance, ce dernier me laissa entendre que chaque moine recevait de la part de l'État une sorte de salaire, sans doute modeste. Je n'ai jamais pu vérifier le bien-fondé de cette assertion. Elle nous amène bien loin de la vision antireligieuse que nous a laissée le pouvoir maoïste. En fait, aujourd'hui en Chine, les religions ne sont plus persécutées en tant que telles. C'est un peu comme si le gouvernement voulait gommer l'image désastreuse laissée par la Révolution culturelle. Les religions sont plutôt soutenues (certains amis, critiques, vont même jusqu'à penser que le pouvoir leur fait de nouveau jouer le rôle d'« opium du peuple »), sauf si, de concert avec leur activité religieuse, elles mènent une activité proprement politique. Dans ce cas, elles peuvent subir des formes de répression comme je l'ai évoqué au sujet du Falungong ou comme on le voit au Tibet ou en pays ouïgour.

Difficile de se faire une idée précise du soutien apporté par le pouvoir au réveil religieux de la Chine, mais ce réveil est indubitable. Benoît Vermander, sans doute l'un des observateurs les plus attentifs du phénomène en Chine, va jusqu'à lui attribuer une « grande importance[11] ». Mais il précise : « Je constate moins une *restauration* qu'une *transformation* religieuse, inséparable de la transformation sociale et culturelle qui s'opère[12]. »

Chroniques d'un pèlerinage taoïste

Le « vieil enfant »

Selon la tradition, Lao Zi, écœuré par la vie politique de son temps (c'est un thème universel dans l'histoire de l'humanité : la société se vit toujours comme en crise !), aurait décidé de quitter la Chine et de s'exiler vers l'ouest. Arrivé sur son buffle à la passe de Lou Guan Tai (à environ soixante-dix kilomètres au sud-ouest de Xi'an), le gardien Yin Xi l'aurait reconnu et l'aurait empêché de poursuivre son voyage s'il ne lui laissait pas une trace de son enseignement. Le papier ne devait être inventé que quelques siècles plus tard (IIIe siècle avant J.-C.), c'est donc sur des lattes de bambou présentées verticalement que Yin Xi est censé avoir noté en cinq mille caractères l'essentiel de la pensée du vieux maître.

Le livre a longtemps porté son nom. On parlait du *Laozi*. Il n'a été baptisé *Daodejing* qu'au VIe siècle de notre ère. C'est ce titre que l'on traduit généralement en français par *Le Livre de la Voie et de la Vertu*. Les historiens discutent de son origine. L'ouvrage n'est peut-être que le fruit d'une compilation d'aphorismes d'origines différentes. Du personnage historique de Lao Zi, nous ne savons en effet pas grand-chose. Le nom qu'on lui attribue est lui-même énigmatique. Selon le sens qu'on donne au caractère *zi*, il peut vouloir dire « vieux maître » ou « vieil enfant » (et même, selon certaines légendes, « enfant né déjà vieillard »). Sa première biographie date des environs de l'an 100 avant notre ère, donc quelques siècles après sa vie supposée. Le *Zhuangzi* rapporte différentes rencontres qu'il aurait eues avec Confucius, personnage tout à fait historique, dont les historiens s'accordent à fixer la naissance en 551 et la mort en 479 avant J.-C. Mais ces rencontres ont peut-être été inventées à des fins polémiques entre taoïstes et confucéens parce que Lao Zi y apparaît toujours à son avantage, Confucius faisant figure d'esprit plutôt borné.

Aujourd'hui, les historiens remettent en cause jusqu'à l'existence historique de Lao Zi. Ce qui existe bien réellement, c'est le texte composé d'aphorismes sur le tao et sur la puissance qui en dérive (que l'on a traduit en français par « vertu » au sens étymologique du terme et non dans un sens purement moral). De toute façon, j'ai toujours pensé qu'un traité de sagesse ne se juge pas en fonction de l'identification historique de son auteur mais avant tout sur son contenu. Cela vaut également pour les textes sapientiaux contenus dans la Bible comme pour les Évangiles. Peu importe qui les a écrits, si nous apprécions la sagesse qu'ils nous transmettent. En tout état de cause, le *Daodejing* date au moins du IVe siècle avant notre ère car « de récentes fouilles archéologiques ont mis au jour des manuscrits de ce texte remontant, pour le plus ancien, au IVe siècle avant J.-C. », rappelle Catherine Despeux[1]. En, dépit de l'obscurité de certains de ses passages, il a eu une influence considérable sur la vie et la culture chinoises. On peut le considérer comme fondateur de la philosophie taoïste même si beaucoup des thèmes qu'il développe faisaient déjà partie de la pensée chinoise et si les grands philosophes postérieurs comme Zhuang Zi s'en écartent sur certains points. C'est le seul écrit philosophique utilisé dans les cérémonies religieuses et son auteur présumé, Lao Zi, a même été divinisé au cours des siècles, considéré comme une sorte d'incarnation du tao, ce principe ineffable présent dans tout l'univers. Par ailleurs, il est censé être apparu plusieurs fois au cours des premiers siècles de notre ère, donnant chaque fois de nouvelles impulsions au taoïsme religieux.

Ce n'est qu'au XVIIIe siècle que le *Daodejing* a été connu en Occident grâce à une traduction en latin effectuée par un des jésuites qui venaient de s'implanter en Chine. Il a connu depuis une multiplication incroyable de traductions en langues européennes et je me souviens d'une fin de semaine passée en Suisse chez le regretté Carl Keller, professeur de science des religions à l'université de Lausanne, où chacun des participants en avait apporté plusieurs traductions dans sa langue maternelle : anglais, allemand, italien, français. Et pour chaque verset, nous lisions ces différentes traductions, identifiant ce qu'elles avaient de commun et en quoi leurs divergences pouvaient éclairer le texte. C'est qu'en effet « il faut avouer que ce livre, traduit et retraduit, est proprement intraduisible », selon l'expression de Maurice Granet[2].

Avec un petit groupe d'amis réunis le temps d'un pèlerinage taoïste, nous arrivons à Lou Guan Tai la tête remplie de légendes. L'environnement est sublime et se prête à la mise en scène imaginaire de Yin Xi et de Lao Zi, mais les temples ont été rénovés, ripolinés, et sont désormais encadrés par des galeries toutes neuves à destination des touristes toujours plus nombreux. Il faut s'écarter pour retrouver la magie du lieu et évoquer le défi lancé par Yin Xi à Lao Zi.

Notre déplacement n'aura cependant pas été vain parce que, à quelques kilomètres de là, nous découvrons la pagode de Da Qin, témoin de l'implantation au cœur de la Chine de chrétiens nestoriens, il y a quatorze siècles.

La création « sans commencement ni fin »

Peu après sa parution en français, j'avais lu le livre de Martin Palmer, *Les Évangiles de la route de la soie*[3]. J'étais donc convaincu de retrouver le lieu où des nestoriens avaient trouvé refuge au VIIe siècle. Le chef de mon agence de voyages à Pékin m'avait affirmé qu'il n'en restait rien sinon une grande pierre gravée dans la « forêt de stèles » de Xi'an. Mais à mon arrivée à Lou Guan Tai, j'interrogeai la guide locale qui, à mon grand bonheur, me dit qu'elle avait visité Da Qin deux ou trois ans plus tôt et qu'elle pouvait nous y conduire.

Le chemin était boueux et, pour la première fois de ma vie, j'eus recours à un cheval pour y monter. J'y arrivai quelques minutes avant mon groupe et je pus me recueillir tout seul dans ce lieu, symbole pour moi de tous les chrétiens qui avaient subi l'exclusion d'une Église obsédée par la stricte règle doctrinale définie par les premiers conciles œcuméniques, souvent, il faut le reconnaître, sous l'influence directe des empereurs romains. Je me suis toujours senti du côté des exclus, même si je ne partage pas nécessairement les doctrines qu'ils professent et qui leur ont valu leur exclusion. Quand je vais à Rome, ma première visite est toujours pour la statue de Giordano Bruno sur le Campo dei Fiori, à l'emplacement où il a été brûlé le 17 février 1600. Je n'adhère pas à toutes ses opinions même si son hypothèse sur la pluralité des mondes reste toujours stimulante, mais je sais que c'est à des hommes comme lui, qui ont revendiqué le droit de penser par eux-mêmes, au péril de leur vie, que nous avons conquis la liberté intellectuelle au cours des derniers siècles.

Je me sentais donc envahi d'un profond sentiment de solidarité pour ces chrétiens du VIIe siècle qui avaient dû fuir, jusqu'au cœur de la Chine, l'intransigeance doctrinale de l'Église à leur époque. Nestorius (381-451), patriarche de Constantinople, avait entretenu une polémique avec Cyrille, patriarche d'Alexandrie, sur la nature divine de Jésus. Pour lui, les natures humaine et divine de Jésus étaient distinctes. C'est pourquoi il s'opposait à l'expression *Theotokos*, « Mère de Dieu », pour qualifier la Vierge Marie : celle-ci n'était que la mère de l'homme Jésus. Il fut condamné à l'exil par le concile d'Éphèse, en 431. Ses disciples durent alors quitter le Proche-Orient vers l'est jusqu'à arriver dans la capitale de la Chine. Ils venaient de Perse et furent accueillis par l'empereur lui-même, Taizong (599-649), que j'ai déjà évoqué à l'occasion de son amour pour *Le Pavillon des orchidées* de Wang Xizhi. Depuis des siècles, la capitale de l'Empire était Chang'an (l'actuelle Xi'an), la ville alors la plus peuplée du monde. Les nouveaux arrivants, bénéficiant de la grande ouverture d'esprit qui prévalait en cette période à la cour des Tang, obtinrent l'autorisation de s'installer sur le domaine impérial. Les empereurs de cette dynastie descendaient de Li Shimin. Ils en avaient conclu appartenir à la famille de Lao Zi dont ils partageaient le patronyme : Lao Zi était son surnom mais son nom était Li Er ou Li Dan. Le domaine de Lou Guan Tai, où il avait dicté son *Daodejing*, leur était donc particulièrement précieux et nul ne pouvait s'y installer sans leur autorisation.

L'Empire était alors très ouvert aux différentes religions. Non seulement le bouddhisme, venu d'Inde, ou encore l'islam en provenance d'Arabie ou de Perse, avaient pu s'y développer mais les manichéens, à la suite de Mani[4], y avaient créé l'« enseignement de la lumière » (*mingjiao*) qui s'était répandu sur l'ensemble du territoire[5]. Certes l'histoire des manichéens en Chine a été mouvementée mais ils étaient encore présents au XIVe siècle : il semble que le fondateur chinois de la dynastie Ming ait choisi pour sa dynastie précisément ce nom de Ming (qui, entre autres, veut dire « lumière ») par référence à l'« enseignement de la lumière » des manichéens.

Les nestoriens bénéficièrent donc de cette tolérance et purent s'installer en 635 dans un lieu baptisé Da Qin par référence au nom de l'Empire romain alors considéré comme les « Qin d'occident ». Une stèle gravée en 781 commémore l'événement en chinois et en syriaque. « Dans une merveilleuse conjonction d'images, le christianisme (y est) adroitement disposé au sein des emblèmes spirituels fondamentaux de l'ancienne Chine[6]. » La stèle se trouve actuellement dans la forêt de stèles de Xi'an, mais une copie a été restituée à Da Qin.

Une pagode qui porte les signes de son grand âge y est entourée de quelques bâtiments, dont une salle consacrée à l'histoire du site. Un moine bouddhiste y vit en solitaire et ne comprend pas pourquoi nous venons honorer cette vieille histoire de chrétiens et non le visiter, lui, qui vit dans les lieux depuis si longtemps. Je n'ai pas pu entrer dans la pagode qui garde encore les vestiges de sculptures datant des VIIIe et IXe siècles. Personne n'en avait la clé. Ici, christianisme et taoïsme se sont étroitement unis. Dans la pagode une pierre sculptée présente Marie allongée. Ce qui en reste se détache sur un horizon qui représente les cinq montagnes sacrées du taoïsme[7]. Et c'est tout l'intérêt de ce christianisme chinois qui témoigne d'une tentative de mariage des deux cultures.

Nous en connaissons la teneur non seulement grâce aux textes gravés sur la stèle ou aux peintures et sculptures préservées dans la pagode, mais surtout grâce aux rouleaux retrouvés à la fin du XIXe siècle dans des grottes proches de Dunhuang, sur la Route de la soie. On les a appelés, selon l'expression bouddhiste, les « sutras de

Jésus ». Les premiers d'entre eux, rédigés avant que la mission n'arrive en Chine, manifestent une certaine forme de dialogue avec la tradition bouddhique rencontrée sans doute en Afghanistan ou au Pakistan. L'un d'entre eux, par ailleurs, témoigne d'influences tibétaines. Puis le dialogue s'établit avec la pensée proprement chinoise. « Les textes laissés par ces moines syriaques font ample usage du vocabulaire taoïste et bouddhiste pour offrir du dogme chrétien une expression qui échappe aux catégories de la pensée grecque », fait remarquer Benoît Vermander[8]. L'acteur principal est « l'Esprit Saint Un ». Jésus apparaît comme le « Visiteur » et le Père comme l'« Unique à visage de jade ». L'Esprit c'est le Vent (dont on ne sait « ni d'où il vient ni où il va » selon l'expression de l'évangile selon Jean) et c'est lui qui s'intègre le mieux à la cosmologie chinoise à cause de sa proximité avec le souffle-énergie du *qi*. « Incréé, non-né : il est impossible de voir l'Un qui soutient le Ciel et la Terre, mais nous pouvons voir que le Saint-Esprit Un nourrit et maintient toute vie[9]. »

Ce *Sutra des origines* manifeste clairement l'adoption de la philosophie chinoise pour interpréter le christianisme. « L'être et les actions du Saint-Esprit Un sont partout, sans commencement, sans fin. La création est également ainsi – sans commencement et sans fin[10]. » Ce sutra prend ainsi nettement ses distances par rapport à la vision populaire de la création que le christianisme, s'appuyant sur la Genèse, a véhiculée pendant des siècles et véhicule encore dans certaines de ses Églises, à savoir un événement intervenant à l'instant supposé zéro du temps, décidé par une entité totalement étrangère au fruit de son action. (Les théologiens scolastiques se sont heureusement écartés de cette vision simpliste des choses à partir du XIIIe siècle[11].) Ce sutra n'hésite pas à recourir à l'un des thèmes fondamentaux du taoïsme : le *wu wei*, le « non-agir », pour présenter l'œuvre de l'Esprit Saint dans le monde. Son pouvoir « ne connaît pas de limites – naissant de *wu wei* – l'action sans action – et de la création sans création – là où il n'y a ni premier ni deuxième stade. Ainsi le Saint-Esprit Un est l'incarnation de *wu wei*, l'origine sans origine et la substance sans substance[12] ». Si Aldous Huxley avait eu connaissance de ce texte, il l'aurait certainement inclus dans son anthologie de la « philosophie éternelle », tant il en exprime, presque à la perfection, la thèse essentielle.

Ce christianisme s'est donc élaboré loin des sources qui ont nourri sa version méditerranéenne. Il apparaît comme étant végétarien, un peu à la manière du jaïnisme indien, il est non violent, refuse l'esclavage (que pratiquaient alors les monastères bouddhistes), donne une place honorable aux femmes en soulignant le rôle éminent qu'elles jouent dans le récit de la résurrection, ce qui n'est le fait ni de la plupart des textes religieux ni surtout de la pratique concrète des religions instituées[13]. Sur le plan doctrinal, il semble hésiter sur la nature divine de Jésus. Et quand il arrive à formuler les commandements de Dieu, il prend une tonalité confucéenne : « (...) le premier et le plus important est d'honorer Dieu. Le second est d'honorer l'empereur. Le troisième est d'honorer vos parents. L'ensemble du ciel et de la terre suit cette voie. Toute chose suit cette voie du respect des parents : tout à travers le monde tient son existence de ses parents[14]. »

Da Qin, qui a abrité ce christianisme-là, méritait bien d'être intégré à un pèlerinage taoïste. Cette visite nous permettait en effet d'approcher une forme de christianisme formulée par les termes mêmes de la philosophie taoïste.

Dans le même ordre d'idées, John Lagerwey, éminent érudit du taoïsme religieux qui passe une grande partie de sa vie à retrouver les traces vivantes du taoïsme populaire dans les campagnes de Chine, de Taïwan et de Hong Kong, a donné sa lecture taoïste des rites de la messe chrétienne catholique romaine : les dialogues entre le prêtre célébrant et l'assemblée sont interprétés comme autant de formes d'échanges de *qi* entre le célébrant et les fidèles, et la messe, vue sous cet angle, devient une sorte de qi gong[15] !

L'eunuque musulman

En montant sur le haut plateau tibétain (dans la province du Gansu, en dehors de la province du Tibet), pour atteindre la lamaserie de Labrang, notre route traversait en lacets de nombreux villages totalement musulmans. On aurait pu se croire en Afrique du Nord : femmes voilées, hommes en djellaba avec une toque blanche sur la tête et nombreuses mosquées. Celles-ci possèdent leur minaret mais tous les étages de leur toiture sont incurvés vers le ciel. C'est là comme un marqueur de l'architecture chinoise qui se retrouve sur les temples mais aussi sur les maisons traditionnelles. Les mauvais esprits qui s'aventureraient à s'y infiltrer en essayant d'atterrir sur leur toiture seraient immédiatement renvoyés vers le ciel par un effet de tremplin… Sur cette terre musulmane la courbure des toitures, y compris des minarets, est le seul signe qui assure que l'on est bien en Chine.

C'est par la Route de la soie, tant terrestre que maritime, que l'islam est arrivé en Chine à peu près à l'époque où les nestoriens s'installaient à Da Qin. Il y a été bien accueilli, comme tous les autres courants religieux. Mais à la différence des courants chrétiens, il est resté bien implanté dans l'Empire et est encore très présent à Xi'an, son ancienne capitale. Plusieurs siècles plus tard, sous la dynastie des Ming, l'empereur Yongle (1360-1424) éleva un eunuque musulman (il avait été castré en représailles au cours de guerres locales) au rang de grand amiral de la flotte impériale. Zheng He construisit alors une flotte qui n'avait d'équivalent nulle part dans le monde : soixante-dix vaisseaux de neuf mâts, dont on ignore la longueur exacte mais que les spécialistes du siècle suivant ont évalué à cent trente-huit mètres de long sur cinquante-cinq mètres de large. Rappelons que presque soixante-dix ans plus tard, la caraque de Christophe Colomb ne mesurait que trente mètres de long sur huit mètres de large. Ces vaisseaux, entourés d'une innombrable flottille, dirigés par Zheng He, explorèrent les côtes de l'Asie du Sud-Ouest, les îles de l'océan Indien, remontèrent la mer Rouge jusqu'en Égypte et descendirent le long de la côte africaine jusqu'au Mozambique. Ces expéditions n'avaient pas pour but de conquérir les pays visités, Zheng He demandait seulement à leurs rois de venir rendre hommage à l'empereur et de lui offrir des cadeaux. Un historien anglais soutient, dans un livre documenté mais aux conclusions discutées, que la flotte de Zheng He aurait même atteint les côtes de l'Amérique, soixante-dix ans avant Christophe Colomb (des poteries chinoises du début du XVe siècle auraient été découvertes sur la côte américaine[16]).

C'est donc sous le commandement d'un Chinois musulman que la Chine a étendu le plus largement son emprise sur le monde. Mais cette politique ambitieuse, menée conjointement avec le transfert de la capitale de Nankin à Pékin, avec la construction de la Cité interdite, du temple du Ciel et la reprise de la Grande Muraille, se révéla ruineuse et désastreuse pour le peuple pressuré d'impôts. Un des successeurs immédiats de Yongle décida alors de renoncer à ces ambitions maritimes et fit même brûler les vaisseaux qui avaient émerveillé le monde.

L'art de savourer la vie

Notre pèlerinage taoïste comportait la visite de plusieurs des montagnes sacrées du taoïsme. C'est ainsi que nous sommes montés sur Qingchengshan, dans la province du Sichuan, un massif montagneux situé non loin de l'épicentre du catastrophique tremblement de terre qui a eu lieu au mois de mai 2008. Depuis des millénaires, le peuple chinois interprète les grandes catastrophes naturelles comme annonciatrices de bouleversements politiques allant jusqu'au changement de dynastie. En cas de cataclysme, l'empereur semblait en effet avoir perdu le « mandat du ciel » et se trouvait ainsi fragilisé. Ce que nous sommes tentés de considérer comme une simple superstition possédait comme une force d'autoréalisation. La croyance répandue en la fragilité du pouvoir le rendait effectivement plus fragile ! Au moment du séisme, nous nous trouvions, Zhu Ping et moi, à Shenzhen, aux portes de Hong Kong. Je lui ai demandé si ce type de pressentiment avait toujours cours en Chine.

« Personne n'en parle, mais tout le monde y pense », m'a-t-il répondu.

On comprend dès lors que le gouvernement se soit mobilisé de façon maximale pour porter secours à la zone sinistrée. Dans le couple dirigeant, Hu Jintao, président, incarne pour les Chinois le principe yang alors que Wen Jiabao, Premier ministre, incarne davantage le principe yin. Cette dualité a joué pleinement pendant la catastrophe. Le président, figure de la loi, après une visite officielle sur le lieu du séisme, est resté au loin, à la barre de l'État, tandis que le second, figure de la compassion, a passé des semaines sur le terrain, manifestant une réelle empathie pour toutes les victimes. C'était d'autant plus important que le séisme avait eu lieu quatre-vingt-huit jours avant l'ouverture des Jeux olympiques, sciemment programmée le 8/8/08 compte tenu du caractère porte-bonheur, universellement reconnu en Chine, du chiffre 8. Contrairement au précédent tremblement de terre de 1976, qui avait été suivi de la mort de Mao, la catastrophe de 2008 n'a pas entraîné de bouleversement politique et les Jeux olympiques, en dépit des émeutes au Tibet et du parcours chaotique de la flamme olympique, ont été un succès mondialement salué. Ce qui a conforté le pouvoir en place.

Qingchengshan, comme toutes les montagnes taoïstes, offre des paysages éblouissants et un grand nombre de temples dont certains, accrochés à flanc de montagne, semblent hors du temps. Ils n'ont pas encore été rénovés et leur structure de bois délavée fait corps avec la falaise dans laquelle ils sont incrustés et qui les domine alors que d'une certaine façon ils semblent suspendus dans l'espace. Mais au-delà de la beauté du site, l'intérêt de Qingchengshan tient au fait qu'elle a été le cadre, au IIe siècle de notre ère, de l'apparition du taoïsme proprement religieux sous l'impulsion de Zhang Daoling, un maître dont l'histoire est difficile à établir mais dont l'autorité est indéniable au point qu'il est l'un des rares Chinois, avec Confucius, dont la descendance millénaire est connue jusqu'à nos jours (le dernier de la lignée, Zhang Yuanxian, vit actuellement à Taïwan).

Qu'est-ce donc que le taoïsme ? Impossible d'en donner une définition, ni en quelques lignes ni même dans un livre qui lui serait tout entier consacré. Le taoïsme n'a pas de credo comme le christianisme. Il ne s'épuise pas dans une seule philosophie dont on pourrait présenter le système : les grands philosophes du taoïsme divergent sur plusieurs points. Au cours des siècles, il a digéré tant de traditions qu'il est impossible d'en donner une description exhaustive. « On pourrait dire du Tao ce que Dante dit de la langue italienne : telle la panthère odorante, son parfum est partout et son gîte nulle part », écrit Jean Lévi[17]. Le taoïsme imprègne la vie des Chinois depuis des millénaires mais ne se laisse ni saisir ni emprisonner en quelques mots[18].

Peut-on au moins partir du caractère chinois *dao* pour y voir un peu plus clair ? Nous avons pris l'habitude de le transcrire en français par « tao » qui est devenu un mot de notre vocabulaire courant. C'est pourquoi je continuerai à l'employer sans toutefois lui attribuer une majuscule qui lui conférerait le caractère d'un nom propre, attribué à une personne, majuscule qui n'existe évidemment pas dans le système d'écriture chinois. Celui-ci ignore totalement notre distinction entre majuscule et minuscule. Les éléments qui composent le caractère *dao* nous donnent une première indication. D'une part, un dessin assez archaïque qui désigne la tête (et donc aussi le chef) posé sur ce que je suis tenté de décrire comme un petit bonhomme en pleine course. On dirait presque qu'il vole. Le caractère évoque donc un « chef qui indique la voie », ce que l'on peut entendre comme un « principe qui imprime un mouvement ». Mais ce sinogramme a pris au cours des siècles de nombreuses autres significations, par exemple chez Confucius qui l'emploie dans un sens beaucoup plus moral pour indiquer la voie à suivre, c'est-à-dire la bonne conduite sociale à adopter. « Quant au Tao, dont tous les philosophes anciens se réclament peu ou prou, comme l'écrit Jean Lévi, c'est une notion si contradictoire et si évanescente qu'elle décourage toute tentative de définition[19]. » « Dao est utilisé par les taoïstes comme un pis-aller, car il faut bien un mot même pour parler de ce qui est au-delà des mots, c'est un pseudonyme de l'ineffable », note de son côté Cyrille Javary qui ajoute : « Entre un pseudonyme et un nom la différence est grande, surtout quand on songe à l'importance que les religions monothéistes accorderont aux noms de Dieu et les penseurs grecs aux nominations des idées[20]. »

Quand nous parlons de taoïsme, nous pensons à quelques grands philosophes comme Lao Zi, Zhuang Zi, Lie Zi[21]. Leurs œuvres datent toutes d'avant Jésus Christ. Zhang Daoling vécut au IIe siècle de notre ère, donc plusieurs siècles après la formation de ce qu'on a appelé le « taoïsme philosophique ». C'est semble-t-il pour des raisons politiques qu'il décida de donner une forme institutionnelle au courant taoïste qui, ainsi, se distingua nettement du courant confucéen. Mais selon sa légende, c'est Lao Zi lui-même qui lui serait apparu en 142 et lui aurait conféré le titre de « maître céleste » (*tianshi*).

Lao Zi était censé s'être déjà manifesté à plusieurs reprises par le passé. La légende raconte en effet que Yin Xi, qui l'avait obligé à dicter le *Daodejing* dans la passe de Lou Guan Tai, lui avait fait promettre de le retrouver mille jours plus tard. Quand le jour J arriva, Yin Xi était à Chengdu sur un marché et Lao Zi vint à sa rencontre sous la forme d'une chèvre couleur de bronze. D'où le nom du temple Qingyangsi, le « temple de la chèvre couleur de bronze ». Il est amusant de noter que *si* à l'époque signifiait « marché ». Notre mot « basilique » a connu un peu la même évolution : dans l'Antiquité il désignait un lieu public de caractère royal où la justice était rendue mais qui pouvait aussi servir de lieu de promenade et de marché ; ce n'est que progressivement qu'il est venu à désigner les églises qui ont conservé son type d'architecture.

Par-delà ces récits merveilleux, il est certain que c'est au cours de la deuxième moitié du IIe siècle que se mit en place la voie ou l'ordre des maîtres célestes, en complète rupture avec la société de son temps[22]. Bien organisé, cet ordre constituait presque un État dans l'État. Il luttait contre les multiples dieux de la religion populaire et contre les pratiques sacrificielles qu'ils réclamaient. Mais quand le taoïsme se répandit sur tout le territoire chinois, échappant à la domination des maîtres célestes, il récupéra un grand nombre de ces dieux en leur conférant souvent le titre d'« immortels ».

Le mot « immortel » est sans doute un de ces termes traduits du chinois qui nous fourvoient le plus. Dans nos langues, au sens strict, un immortel est un être humain qui échapperait définitivement à la mort. « Vaincre la mort, le but ultime des religions de la vie éternelle, n'est pas celui des taoïstes, rappelle Cyrille Javary, ils savent très bien que, plantes, humains, clans, cités et civilisations, tout ce qui accède à la vie est promis à la mort, seule la durée de vie de chacun diffère[23]. » La quête d'immortalité est donc en réalité une quête de longévité. Vivre le plus vieux possible en savourant au mieux tous les moments de la vie. C'est-à-dire vivre avec sagesse. N'oublions pas que la racine de notre mot « sagesse » est en latin *sapere* que l'on retrouve plus clairement dans l'adjectif « *sap*ientiel ». Or du latin *sapere* nous avons aussi dérivé notre mot « saveur » et notre adjectif « sapide ». Étymologiquement, la sagesse est donc l'« art de savourer la vie ». Ce devrait être le but de toute philosophie qui, à partir de l'étymologie, grecque cette fois, est l'« amour de la sagesse ». Cette définition semble parfois éloignée de nos systèmes philosophiques conceptuels, mais par contre elle s'applique parfaitement aux philosophies chinoises qui nous invitent en premier lieu à savourer la vie.

Sur Qiyunshan, la « montagne à hauteur des nuages » d'où j'écris ces chroniques, un énorme caractère peint en vermillon, *shou*, qui veut dire « longévité », décore l'une des abruptes falaises. Les pèlerins qui passent devant montent sur une pierre afin de toucher sa base pour s'assurer longue vie. Superstition pour les uns, signe d'une confiance sans borne dans la vie qui reste à savourer pour d'autres. Pour un taoïste, une des finalités de l'existence humaine est d'enfanter dans son bas-ventre, par l'intensification des énergies vitales, un « enfançon d'éternité ». Quand celui-ci est formé, il peut mourir en paix : sur lui, la mort n'a plus d'emprise ; en ce sens, il a atteint l'immortalité. Respiration, alimentation, paix intérieure, pratique du qi gong, tout un art de vivre y concourt. L'immortalité est alors, comme la définit Jean-François Billeter, « une vie qui, par sa perfection, abolit la mort en elle, puis sans rien perdre de sa perfection, s'amenuise et disparaît[24] ».

Le taoïsme s'est scindé au cours des siècles en de nombreuses écoles. Dans celles du Nord, les maîtres taoïstes sont devenus des sortes de moines et gardent le célibat. Le bouddhisme avec ses moines célibataires a certainement joué un grand rôle pour en faire accepter l'idée dans une Chine où le souci de la perpétuation de la lignée familiale par les hommes est prévalent. Même encore aujourd'hui. Il est intéressant de noter que le gouvernement chinois a procédé à la dépénalisation de l'homosexualité en 1980, c'est-à-dire deux ans avant que cela ne soit le cas en France. Mais pour autant celle-ci n'est pas encore entrée dans la mentalité du grand nombre et la pression sociale joue toujours en faveur du mariage des hommes quelle que soit leur orientation sexuelle. Dans les écoles taoïstes du Sud, par contre, les maîtres ont continué à avoir une vie familiale. L'activité sexuelle y est envisagée comme un moyen d'échange privilégié entre le yang et le yin de l'homme et de la femme et considérée comme une partie intégrante de leur recherche spirituelle.

Un observateur occidental qui assiste aujourd'hui à une cérémonie taoïste a quelque difficulté à faire le lien entre ses différents aspects, dont certains lui paraissent proches du chamanisme, et les sommets de la pensée taoïste dont il a pu s'alimenter dans le *Laozi*, le *Zhuangzi* ou le *Liezi*. Pendant longtemps, pour résoudre cette antinomie, on s'est contenté de faire une distinction hermétique entre philosophie et religion taoïstes. Mais aujourd'hui, de plus en plus de chercheurs considèrent cette division comme artificielle et contraire à la réalité des choses[25]. Il n'en reste pas moins qu'un indéniable effort intellectuel est requis pour retrouver la pensée de l'un et du tao proposée par Laozi dans le panthéon foisonnant des temples taoïstes.

Immortel malgré lui

Lors de mon premier voyage en Chine, comme la plupart des visiteurs occidentaux, j'ai droit à un long arrêt dans la fabrique de soie de Suzhou. Mon regard est soudain attiré par trois statuettes en bambou posées sur une petite table le long d'un mur. Je pense tout d'abord qu'il s'agit d'un autel réservé au culte privé de cette entreprise. Mais fasciné par les statuettes, je demande si, par hasard, elles sont à vendre. Elles le sont. Je choisis d'acquérir celle d'entre elles qui me parle le plus.

Nous sommes allés, Zhu Ping et moi, à Anji au cœur de l'« océan de bambous », la ville où sont toujours fabriquées ces statuettes qui n'ont aucune prétention à l'antiquité. En Chine, chaque cité a tendance à se spécialiser et à développer un produit particulier qu'elle exporte sur l'ensemble du territoire. Anji est la ville des statuettes en bambou. En dépit de nos recherches dans les nombreux magasins de la ville, nous ne verrons aucune statuette dont la qualité soit comparable à la mienne[26].

Il s'agit, ce que j'ignorais au moment de l'achat, d'une statuette de Zhang Guo Lao, un des huit immortels de la tradition taoïste. Le plus excentrique, semble-t-il. Sa légende s'appuie plus ou moins sur un personnage ayant vécu sous la dynastie des Tang, au VIIe siècle de notre ère. Mais son histoire a été vite estompée par les nombreuses légendes qui se rattachent désormais à lui. Le dernier caractère de son nom, *lao*, signifie qu'il est vieux. Il est comme une incarnation du grand âge. Un modèle pour les personnes âgées. Il est fréquent de poser sa statuette dans leur chambre pour leur assurer à la fois longévité et mort paisible. Je peux donc me considérer sous une bonne protection : au moment même où j'écris ces lignes, Zhang Guo Lao me regarde avec son sourire à la fois apaisant et malicieux du rayon de bibliothèque qui surplombe mon bureau.

De toutes les légendes à son sujet, celle que raconte Martin Palmer dans son livre sur le taoïsme me séduit plus que les autres. Né à la campagne, Zhang Guo Lao, monté sur son âne, se rendait un jour au marché quand il passa auprès d'un temple devant lequel mijotait une soupe alléchante dans un grand chaudron. Il se permit d'en prendre une louche et d'en donner une autre à son âne. Soudain apparut un moine alchimiste qui se mit à l'invectiver. Pris de peur, il sauta précipitamment sur son âne sans prendre garde qu'il le montait à l'envers ! « Quelques instants après, l'homme et l'âne se retrouvèrent volant dans les airs, tous deux immortels[27]. »

J'ignore d'où Martin Palmer tient cette histoire, mais elle est en parfaite conformité avec la statuaire traditionnelle de Zhang Guo Lao qui est toujours présenté à califourchon tournant le dos à l'encolure de son âne. Elle me touche profondément dans la mesure où elle nous explique que pour devenir immortels, point n'est besoin de s'astreindre à des exercices difficiles ou de se compliquer la vie. Il suffit d'être toujours attentifs à ce qu'elle nous propose. Attentifs à ne pas manquer l'occasion qui se présente à nous dans la vie de tous les jours : Zhang Guo Lao allait tout simplement au marché !

C'est une merveilleuse illustration du principe taoïste du « non-agir », *wu wei*, que les commentateurs ont tant de mal à expliquer aux Occidentaux. « Non-agir » ne veut pas dire ne rien faire, mais accorder son action au rythme de la nature et des événements de la vie. Catherine Despeux l'interprète comme la « non-interférence dans le cours des choses[28] ». C'est en « non agissant », c'est-à-dire en saisissant sa chance au moment où elle se présentait, que Zhang Guo Lao, selon cette légende, est devenu immortel…

Un rêve de paradis

Notre pèlerinage taoïste nous conduisit à Wudangshan, l'une des cinq montagnes sacrées du taoïsme qui se situe au sud de l'ancienne capitale Xi'an dont elle est séparée par une chaîne montagneuse difficile à franchir. J'ai eu plusieurs fois l'occasion de la visiter. La première fois nous étions montés à pied jusqu'au temple principal jouxtant un grand monastère et nous étions arrivés au sommet en fin d'après-midi. Nous y étions seuls, je veux dire en dehors des moines et des moniales qui vaquaient paisiblement à leurs occupations.

Il n'est pas aisé d'ailleurs de distinguer moines et moniales tant le vêtement traditionnel des moines leur donne une allure féminine. Leurs longs cheveux sont remontés en chignon au sommet du crâne, et leur coiffe est pourvue d'un trou pour permettre au chignon d'en émerger. Aucun risque de confondre un moine bouddhiste au crâne rasé avec un maître taoïste au chignon tenu par une aiguille. Les premiers ont gardé de leur origine indienne le port du sari de couleur vive, orange ou pourpre. Les seconds au contraire portent une tunique fermée par des boutons chinois, généralement bleu marine, sur des pantalons blancs bouffants que des chausses enserrent presque jusqu'aux genoux. Ils ne portent pas de chaussures mais des espadrilles noires striées de blanc.

Le monastère et le temple de Wudangshan sont dominés, au sommet d'un pic, par une petite « cité interdite » qui rappelle les nombreuses visites qu'y faisaient les empereurs, en particulier sous la dynastie des Ming, empereurs qui ont beaucoup contribué au développement des institutions taoïstes sur la montagne. Beauté des temples, beauté de la nature, présence apaisante des moines et des moniales. On se croirait dans un coin de paradis. Je m'étais mis à rêver d'y organiser des stages et des séminaires. Mon seul souci provenait de l'état désastreux des toilettes publiques où, à la mode ancienne, hommes d'un côté et femmes de l'autre devaient accepter d'accomplir leurs besoins accroupis au-dessus d'une tranchée nauséabonde et dans une promiscuité totale, sans même la protection d'un paravent. J'avais lu un jour que Bouddha enseignait qu'un sage doit savoir faire ses besoins dans n'importe quelle situation, mais je n'étais pas sûr d'avoir atteint personnellement ce niveau de sagesse, ni que mes amis européens aient envie de la pratiquer sous cette forme !

Néanmoins Wudangshan hantait mes rêves. Nous avions donc décidé un jour d'y retourner seuls, Zhu Ping et moi. Des contretemps de voyage nous y avaient fait arriver un 1er mai, grande fête nationale et occasion de vacances pour presque tous les Chinois ! Nous avions décidé de prendre un téléphérique pour gagner du temps mais nous nous étions trouvés pris dans une queue d'au moins un kilomètre, tant les visiteurs (chinois) étaient nombreux. Longue attente. Enfin nous étions montés. Adieu la paix et le silence. Les guides criaient dans leurs haut-parleurs pour rameuter leurs groupes de touristes et ils le faisaient d'autant plus fort qu'une tempête s'était levée et qu'une pluie les cinglait violemment. Le portail du monastère était barricadé par de grosses planches. Un maître taoïste, assis sur une chaise, faisait payer l'entrée du temple à tous les visiteurs. Nous nous étions exécutés et avions payé notre écot. Apercevant un autre moine, nous avions réussi à nous en approcher et lui demander si nous pourrions rencontrer un maître pour discuter de l'éventuelle organisation de retraites dans ce lieu. Il nous avait répondu qu'ils étaient tous beaucoup trop occupés avec cet afflux de touristes pour pouvoir s'intéresser à nous ! Sous un ciel plombé, trempé jusqu'au cou, balayé par des rafales de vent, je m'étais assis sur une margelle et je crois que je m'étais mis à pleurer. Mon paradis venait de s'effondrer. Le Wudangshan de la réalité n'était pas celui de mes rêves ! J'avais rêvé du paradis et je vivais une journée d'enfer.

Quelques années plus tard, j'y suis donc retourné avec notre pèlerinage taoïste. Le site était de nouveau accessible, mais pour moi le charme était rompu. J'ai laissé mes amis s'enivrer de ses beautés et me suis isolé avec Zhu Ping pour réfléchir à l'avenir. Je pensais alors à Qiyunshan, montagne plus modeste, mais qui m'avait aussi profondément séduit.

Wudangshan est réputée depuis des siècles par sa pratique des arts martiaux. Deux grandes écoles sont connues en Chine pour l'enseignement de ceux-ci : Shaolin pour les bouddhistes, Wudangshan pour les taoïstes. Les jeunes de Shaolin ont été rendus célèbres en Occident par les tournées qu'ils organisent régulièrement pour présenter leurs exercices spectaculaires ainsi que par la participation de certains d'entre eux à des films de kung-fu. La tradition attribue à un des maîtres de Wudangshan la création du tai-chi-chuan. Zhang Sanfeng en aurait créé les premières formes à la fin de la dynastie des Song (960-1179) en opérant une sorte de syncrétisme entre différentes formes déjà existantes mais en instillant une forte dose de *neigong,* à savoir d'« intériorité ». Cela fait du tai-chi-chuan une sorte de qi gong en mouvement. Au flanc de la montagne, une école offre le spectacle des exercices de ses étudiants. Ici, rien n'est militaire. Tout est grâce, à la fois par les vêtements flottants et la légèreté des combattants qui font preuve d'une parfaite maîtrise de leur corps et des énergies qui le traversent.

« Trois enseignements, un seul enseignement »

Les cinq montagnes sacrées du taoïsme chinois s'ordonnent selon les quatre points cardinaux auxquels vient naturellement s'ajouter le centre. Le temple-monastère construit sur la montagne du centre s'appelle Zhongyue Miao. Son voisin immédiat, le monastère bouddhiste de Shaolin (qu'on peut traduire de façon littérale par « jeune forêt »), lui fait une rude concurrence. La légende veut que Bodhidharma, arrivant de l'Inde, s'y soit installé et y ait créé une forme chinoise de bouddhisme : le bouddhisme chan qui devait se transposer plus tard en bouddhisme zen en émigrant au Japon, bouddhisme toujours très vivant en Asie et réputé en Occident. Mais ce n'est pas pour ce passé prestigieux que Shaolin fait de l'ombre à son voisin.

Au fil des siècles, Shaolin est devenu le centre de formation au kung-fu le plus célèbre au monde, et ses environs se sont couverts d'écoles où des centaines de jeunes Chinois, tous en uniforme pourpre, s'entraînent à cet art martial avec l'espoir d'être recrutés un jour par un réalisateur de cinéma à grand spectacle. Au monastère même de Shaolin, il faut prendre un ticket et attendre quelques heures avant de pouvoir assister à une démonstration de kung-fu par les jeunes moines qui le pratiquent. En attendant, nous visitons la forêt de pagodes, finement sculptées, dont chacune représente la tombe d'un des abbés du monastère.

Il faut remonter un peu plus haut dans la montagne pour découvrir Zhongyue Miao que l'on peut considérer comme le centre historique de la « tri-religion ». Au fil des ans, taoïsme, confucianisme et bouddhisme sont devenus les trois grands enseignements (*sanjiao*) de la Chine. Mieux vaut, en ce qui les concerne, parler d'« enseignements » ou de « voies » que de « religions » au sens occidental du terme. N'appartiennent, au sens strict, à ces enseignements que ceux qui deviennent des lettrés pour le confucianisme (ceux que nous appelons « mandarins » selon une expression portugaise), les moines pour le bouddhisme et les maîtres pour le taoïsme. Pour le peuple chinois, il n'y a jamais eu d'obligation d'appartenance explicite à l'un de ces trois courants. Un Chinois peut se sentir taoïste quand il se promène dans la montagne ou le long d'un cours d'eau (« paysage » se dit *shanshui*, « montagne/eau »), préférer le temple bouddhiste pour le mariage de sa fille et avoir des convictions confucéennes pour régenter sa famille. Les Chinois n'ont jamais eu l'idée de faire un recensement qui comptabiliserait les membres des diverses « religions », car presque tous les citoyens recensés cocheraient les trois cases : taoïsme, bouddhisme et confucianisme (à l'exception de lieux comme Qiyunshan où la population locale se vit vraiment comme taoïste). Impossible ici d'établir des statistiques spécifiques. Cette absence d'appartenance exclusive explique l'absence de conflits guerriers. Si taoïstes, confucéens et bouddhistes ont rivalisé dans l'histoire, c'était pour conquérir l'attention de l'empereur à la faveur d'un véritable lobbying à la cour. Mais la Chine n'a jamais connu de guerres de religion.

Taoïsme, confucianisme et bouddhisme forment comme les trois côtés d'un triangle équilatéral. Plusieurs empereurs ont convoqué des sortes de conciles pour les rapprocher et les unir dans un même enseignement : *Sanjiao, yijiao,* « Trois enseignements, un enseignement ». C'est ce que Zhu Ping, qui s'intéresse beaucoup à cet aspect de l'histoire chinoise, appelle la « tri-religion ». On en trouve un témoignage, étonnant pour des Occidentaux, sur une stèle, près du monastère de Zhongyue. Dans la partie supérieure de la stèle, Lao Zi est gravé de profil sur un côté de la pierre et le profil de Confucius sur l'autre côté de telle façon que les deux profils imbriqués l'un dans l'autre forment un visage de Bouddha ! On n'imagine guère chez nous un portrait de Moïse s'imbriquant dans un profil de Jésus pour présenter le visage de Mahomet… Plus bas sur la stèle, trois textes, l'un taoïste, le deuxième confucéen et le troisième bouddhiste, viennent sceller cette unité que personne ici n'a l'idée d'attaquer comme étant « syncrétiste ».

Le temple de l'insondable

Notre pèlerinage nous ramène à Suzhou, la ville où, lors de mon premier voyage, j'ai trouvé la statuette de Zhang Guo Lao dont la présence n'a cessé de me réconforter depuis son acquisition. Marco Polo disait de Suzhou et de Hangzhou que c'étaient deux paradis sur terre, Hangzhou pour son lac et Suzhou pour ses jardins et ses canaux. Celle-ci est en effet sillonnée d'eau et il y voyait la « Venise jaune » ou « Venise de l'Asie ». Pour ne pas être terriblement déçu par cette image, il faut se souvenir qu'à son époque, Venise n'était pas encore dotée des innombrables palais de la Renaissance qui en font la magnificence. Suzhou n'a donc rien à voir avec la Venise d'aujourd'hui, mais c'est une ville agréable avec ses nombreux ponts et surtout ses jardins traditionnels qui en font une étape obligée de tout voyage touristique en Chine. Ils sont inscrits depuis 1997 sur la liste du patrimoine mondial de l'Unesco.

La tradition des jardins remonte à la période connue, selon le titre des annales historiques rédigées dans l'Antiquité, comme celle « des printemps et des automnes » (770-476 avant J.-C.). Elle s'est surtout développée sous les deux dernières dynasties Ming et Qing. Les lettrés aimaient se retirer dans leurs harmonieux et somptueux jardins où ils reproduisaient le monde en miniature. Suzhou en a compté plus de deux cents et il en reste encore une trentaine aujourd'hui. Généralement les touristes se contentent de visiter le jardin de la Politique des simples, aménagé au XVIe siècle, et, plus petit mais d'une grande perfection, le jardin du Maître des filets aménagé au XIIe siècle puis, après une période d'abandon, restauré au XVIIIe. Les kiosques, les habitations, les pièces d'eau y sont disposés de façon à préserver une ouverture sur l'horizon où s'encadre une pagode, éloignée de plusieurs centaines de mètres mais qui donne l'impression de faire partie du jardin.

La municipalité de Suzhou a décidé d'interdire la construction de tours et de gratte-ciel. Elle interdit aussi la circulation de toute motocyclette qui n'est pas à moteur électrique. C'est une ville très écologique dans laquelle il fait bon se promener. Il m'a été donné de participer un jour, presque par effraction, à un déjeuner organisé à Pékin autour d'un personnage haut placé en politique mais restant tout à fait dans l'ombre. En fait, je n'y étais absolument pas invité, seul Zhu Ping l'était par le biais d'un de ses cousins du côté maternel, et nos hôtes, me découvrant, ont dû, bon gré mal gré, ajouter un couvert pour m'accueillir à leur table. Un homme encore jeune, porteur d'un projet de ville totalement écologique dans la région de Suzhou, venait convaincre ce haut personnage de l'importance majeure de souligner la protection de l'environnement dans le programme officiel du Parti communiste chinois. Contrairement à l'impression qui prévaut en Occident, les dirigeants chinois sont très préoccupés par la dégradation de l'environnement. Ils ont conscience que ce sont les Chinois eux-mêmes qui en sont les premières victimes (en ce qui concerne par exemple les pluies acides ou la pollution des cours d'eau), mais ils ont un héritage désastreux à gérer et il leur faut du temps pour en résorber les conséquences néfastes et pour transformer les mentalités. Quand on voit le temps qu'il faut en Bretagne pour régler le problème des algues vertes, on imagine un peu mieux l'extrême difficulté où se trouve, à son échelle, la Chine aujourd'hui.

Les visiteurs que j'emmène en Chine sont surpris de voir le long des routes les lampadaires alimentés par des panneaux solaires, les ballons d'eau sur le toit des maisons, chauffés par des panneaux de fines tubulures dans lesquelles l'eau circule. Et à Shenzhen, la mégapole créée de toutes pièces aux portes de Hong Kong depuis le début des années 1980, un tiers de la superficie a été réservé aux espaces verts. Une plage de dix kilomètres a été préservée au milieu de la ville et, à travers les rangées de cocotiers qui la bordent, on aperçoit les bâtiments flambant neufs. Elle est malheureusement polluée aujourd'hui par le bras de mer très fréquenté qui la sépare de Hong Kong. Par la fenêtre de l'appartement que nous occupions provisoirement, Zhu Ping me fait remarquer un joli bâtiment de l'autre côté de la rue. « C'est notre monument historique me dit-il, il date de 1985 ! »

Mais si Suzhou est une ville pleine de charme, pour moi, elle vaut surtout pour son temple taoïste, Xuanmiao, ou le « temple de l'insondable ». Il a souvent été brûlé ou dévasté, en particulier par les guerres. Et autant de fois reconstruit. Il ne vaut donc pas par son antiquité. Mais à l'intérieur, protégée par des vitres, on peut admirer une effigie de Lao Zi, grandeur nature, gravée au début du VIIe siècle, semble-t-il, sur une pierre qui me paraît proche de l'ardoise. Quand je l'ai vue pour la première fois, j'ai eu un véritable choc : l'impression de me trouver devant Lao Zi en personne, face à face. Peu importaient alors les discussions sur son existence ou sa non-existence historique ! Il était là, non pas sur son buffle, comme il est représenté d'habitude, mais debout, avec un cou plutôt épais et des sourcils embroussaillés. Sans doute pas très beau, mais dégageant une force et une dignité sans pareilles. Il me regardait et me scrutait. Le choc se renouvelle chaque fois qu'il m'est donné d'entrer dans Xuanmiao. Je sais que j'ai rendez-vous avec lui.

Le temple compte différents halls. L'un d'entre eux se trouve sur la droite de la place quand on fait face au hall principal. Il est dédié au philosophe Zhu Xi. En Chine, un temple n'est pas nécessairement consacré à une divinité. Il peut être consacré à un empereur, un penseur, une beauté, comme nous l'avons déjà vu. Il ne s'agit pas d'idolâtrie pour autant car il n'y a aucune confusion dans l'esprit des Chinois entre ces personnalités honorées et le tao ou l'Un. Sans doute ferions-nous mieux de parler de « mausolées » plutôt que de « temples ». Ici donc on honore Zhu Xi (1130-1200), un lettré de la dynastie Song considéré comme le plus important des maîtres de l'orthodoxie après Confucius lui-même. C'est en effet lui qui, avec ses disciples, a établi le canon des Quatre Livres et des Cinq Classiques chinois que tous les candidats aux concours devaient pratiquement apprendre par cœur pour devenir hauts fonctionnaires.

Les examens impériaux, organisés sur tout le territoire de l'Empire, ont été mis en place dès le IIe siècle avant J.-C. et institutionnalisés en 605, soit mille trois cent quarante ans avant la création en France de l'École nationale d'administration. Des milliers de candidats y participaient. Aucune condition d'origine sociale n'était mise à leur candidature, le premier but étant de passer d'une transmission aristocratique du pouvoir à une transmission méritocratique. Un fils de commerçants ou de paysans pouvait s'y présenter, à condition de savoir lire et calligraphier, ce qui, bien évidemment, était tout de même une sérieuse limitation. Mais grâce à ces examens, beaucoup de fils de propriétaires terriens ou de gros commerçants accédèrent à de hautes fonctions administratives.

Plusieurs musées (ou temples) permettent d'avoir une idée assez précise de l'organisation de ces examens impériaux. À Pékin, un musée attenant au temple de Confucius vient d'être ouvert. C'est aussi le cas à Xiuning, dans la province du Anhui, où sont honorés plusieurs jeunes du comté qui sont sortis majors de ce très difficile concours. Mais l'image la plus complète en est donnée près d'un temple de Confucius à Jiading, entre Shanghai et Suzhou. Tout un ensemble de maquettes y sont présentées. Les lieux d'examens devenaient de petites villes avec les loges d'étudiants, construites en bois, alignées pour former plusieurs rues parallèles. Le temps du concours, souvent pendant trois jours, ils devaient dormir, manger et calligraphier dans leur loge sans en sortir et évidemment sans aucun contact avec leurs voisins.

Ce système permettait le renouvellement des élites. Malheureusement pour la Chine, il n'a pas su, au cours des siècles, renouveler ses contenus. Les examens ont continué, au cours des siècles, à porter sur les mêmes Quatre Livres et Cinq Classiques de la culture chinoise. C'est ainsi qu'un dispositif qui avait pour but un constant renouvellement déboucha sur une forme de stagnation à l'époque où l'Occident, enrichi par l'or du Nouveau Monde, commençait une évolution scientifique et technique fracassante (au sens figuré comme au sens propre, avec ses inventions guerrières). C'est le retard pris dès lors, et pas seulement sous Mao, que la Chine s'efforce de rattraper aujourd'hui. « En l'an mil, la part de l'Asie dans le PIB mondial était d'environ 70 %, de 65 % en l'an 1500 et de 59 % en 1820. C'est seulement à cette date, parce qu'elle loupe la révolution industrielle et se referme sur elle-même, que l'Asie dégringole dans les classements. Et que la Chine s'effondre : 29 % du PIB mondial en 1820, 14 % en 1880... moins de 5 % en 1950[29]. » Elle travaille aujourd'hui à récupérer la place qu'elle occupait il y a deux siècles et, sauf accident grave, semble en bonne voie d'y parvenir.

Zhu Xi, le philosophe, est considéré comme un des grands éducateurs confucéens. Mon ami Zhu Ping s'appelle Zhu, comme lui. En fait, en Chine, les noms de famille sont très peu nombreux par rapport à la multitude de nos patronymes européens (imaginez devoir additionner tous les noms de famille des vingt-sept pays de l'Union européenne !). À l'inverse, un milliard cent millions de Chinois se partagent seulement une centaine de grands noms de famille. Il n'y a pas loin de cent millions de Wang et de Li. Les Zhu sont plus modestes mais comptent tout de même plus de dix millions de personnes. Cela explique pourquoi les prénoms chinois sont généralement constitués de deux caractères : Mao « Ze Dong », Deng « Xiao Ping », Hu « Jin Tao », pour assurer une certaine différenciation des personnes !

Certains des Zhu ont été particulièrement célèbres dans l'histoire de la Chine. Le fondateur de la dynastie Ming qui reprit le pouvoir aux Mongols en 1368 et rendit leur fierté aux Chinois s'appelait Zhu Yuanzhang. Beaucoup de jeunes Chinois ou Chinoises qui s'appellent Zhu imaginent volontiers qu'ils descendent du célèbre (et terrible) empereur. La famille de Zhu Ping a d'autres ambitions. Un des proches de la famille, l'avocat Zhu, dit avoir entrepris des recherches généalogiques qui le portent vers Zhu Xi, le grand philosophe ! Mais j'ignore s'il est possible aux généalogistes chinois de remonter facilement jusqu'au XIIe siècle, en dehors bien sûr du cas des grandes familles comme celles de Kong Fu Zi (Confucius) ou de Zhang Daoling, le fondateur du taoïsme religieux.

Chroniques de Qiyunshan

La montagne à hauteur des nuages

Nous sommes désormais installés, Zhu Ping et moi, dans l'ancien monastère de Qiyunshan dont nous assurons la gestion. Les maîtres conservent l'usage d'un premier bâtiment, peint en pourpre pour bien marquer son appartenance au temple. Il comprend une grande salle de réunion (qui est en même temps un temple secondaire) et leur assure à l'étage des bureaux pour l'administration. Le deuxième bâtiment, dont nous prenons la gérance, peint en blanc, a longtemps servi d'hôtellerie pour recevoir les maîtres de passage, la tradition de la pérégrination étant grande dans le taoïsme. Ici, les maîtres taoïstes sont mariés. Ils vivent dans leur foyer respectif. Seul l'un ou l'autre d'entre eux est allé faire des études à Shanghai ou à Pékin. Ils sont presque tous paysans ou petits commerçants dans le village, ce qui crée des liens de solidarité très forts entre tous ses habitants. Ils constituent comme une grande famille qui choisit désormais de nous accueillir, Zhu Ping et moi, comme deux de ses membres.

Comment décrire cette montagne qui n'a aucun équivalent chez nous ? Elle date du mouvement himalayen de l'ère tertiaire, il y a cinquante-trois millions d'années, et garde la trace de nombreux fossiles, y compris des empreintes de dinosaures. À la suite de l'érosion au cours de cette longue période, elle culmine à un peu moins de six cents mètres. Ses falaises abruptes dominent la vallée et un téléphérique poétiquement appellé *tian ma,* le « cheval du ciel », permet aujourd'hui d'y monter et de parvenir à quelque distance du village qui y est accroché. Qiyunshan n'attire pas les flots de touristes qui arpentent en file indienne le massif voisin, mondialement connu, des Huangshan, les « montagnes jaunes », mais ceux qui s'aventurent sur ses chemins escarpés ne le regrettent pas. Ici la nature, aux falaises impressionnantes de grès rouge, a été imprégnée par la présence continue d'ermites et de maîtres taoïstes depuis la dynastique des Tang, c'est-à-dire depuis le VIIe siècle de notre ère.

Pour arriver au village il faut monter et descendre des centaines de marches et passer par trois portes qui sont appelées *tian men,* les « portes du ciel ». La première est trouée dans la falaise rougeâtre. Sous sa voûte plusieurs stèles gardent la trace des poèmes que ce lieu a inspirés au cours des siècles aux nombreux poètes qui l'ont fréquenté. Il fait bon s'arrêter, sinon pour en déchiffrer les caractères chinois qui protègent leur contenu de notre curiosité, du moins pour admirer la finesse de leur calligraphie et s'étonner de leur préservation : elles ont survécu à la Révolution culturelle. Une fois passé cette première porte, les marches descendent vers une esplanade entourée de falaises rouges, trouées de nombreuses grottes. Certaines sont naturelles, d'autres ont été creusées de main d'homme à l'époque où s'adossaient à la montagne des bâtiments qui ont aujourd'hui disparu. Les grottes qui sont de plain-pied avec le chemin servent de petits temples troglodytes. Ici on honore la reine de l'occident. Là un empereur céleste. Dans l'un d'entre eux se retrouvent les huit immortels, parmi lesquels mon ami Zhang Guo Lao. Mais la figure récurrente est celle de Zhengwu, le « dieu » de Wudangshan[1]. Là-bas, sur sa montagne, une de ses statues le représente avec le visage dupliqué sur le ventre. Impossible de ne pas penser au livre du docteur Gershon, *The Second Brain*[2], dans lequel le chercheur américain soutient que nous avons dans les replis du ventre autant de cellules nerveuses que dans notre cerveau, ce qui l'amène à appeler le ventre notre « deuxième cerveau ». Pour lui, beaucoup de nos malaises et de nos maladies proviennent d'une mauvaise coordination entre ces deux cerveaux. On croirait entendre un sage chinois vantant l'importance dans la vie humaine du *dan dian*, le « champ de cinabre » situé juste au-dessous du nombril. Les Japonais l'appellent le *hara˘*, qui représente pour eux la « mer d'énergie », le point de gravité de tout l'être humain. Le massage du ventre leur apparaît comme une thérapie préventive des plus efficaces. L'Occident n'a sans doute pas surévalué l'importance du cerveau mais il a très certainement sous-évalué et déprécié celle de l'abdomen. Zhengwu, nous dit sa statue, est conscient de ses deux cerveaux et les fait fonctionner en bonne harmonie.

Plus loin c'est une statue dorée de Guanyin qui repose allongée dans une petite grotte. Nous trouverons dans le grand temple un autre témoignage de ces échanges entre traditions. En Chine, tous les temples bouddhistes possèdent un poisson en bois sur lequel un moine frappe de façon régulière avec un maillet pendant les cérémonies. Cet instrument de percussion est lié à l'histoire que se racontent les moines depuis des générations. Xuan Zhang, célèbre moine et traducteur bouddhiste du VIIe siècle, partit en Inde en quête des textes originaux des sutras bouddhistes. Selon sa légende, rendue fameuse par l'un des romans les plus célèbres de Chine, *Le Pèlerinage vers l'ouest*, il fut happé à son retour par un gros poisson. Il en réchappa, tel notre Jonas biblique. Mais les textes sacrés restèrent dans les entrailles du poisson. Depuis ce jour, dans les cérémonies bouddhistes, un moine donne le rythme au chant collectif des sutras en frappant de façon régulière avec un maillet le poisson en bois qui est censé, à chaque coup qu'il reçoit, régurgiter le texte sacré, caractère par caractère. Les maîtres taoïstes, qu'on pourrait considérer comme bien peu concernés par cette histoire, n'en ont pas moins un poisson en bois sur le maître-autel de leur temple ! Ils ne s'en servent cependant pas comme instrument de percussion.

Une nouvelle volée de marches conduit jusqu'à la deuxième « porte du ciel ». À sa sortie, une plate-forme permet de découvrir le village suspendu au flanc de la montagne de l'autre côté du ravin. Il faudra encore franchir la troisième porte, en bois cette fois-ci, pour y accéder enfin. Le village se plie à la configuration du terrain : dans sa rue unique, de nombreuses marches empêchent toute circulation, en dehors de celle des piétons. Tous les transports s'y effectuent donc à dos d'homme, généralement à l'aide d'une palanche portée sur l'épaule et supportant deux lots de marchandises aux extrémités. C'est ainsi que sont acheminés tous les matériaux nécessaires à la construction d'une maison ! À un tournant, on aperçoit une volée de marches qui s'écarte de la rue : c'est l'entrée de l'ancien monastère, l'entrée du Xuantian, le « ciel insondable ».

Le bâtiment est en forme de U, enserrant une terrasse qui domine le grand temple. Adossé à une falaise abrupte dont la verdure semble prolonger sa toiture de tuiles vertes, le temple a connu les vicissitudes de l'histoire depuis près de quatorze siècles. La première trace des ermites taoïstes qui se sont installés sur la montagne remonte à la dynastie des Tang (618-907 de notre ère). Des paysans n'ont pas tardé à rejoindre les ermites et un village s'est peu à peu constitué à flanc de montagne, dominant la vallée du haut de ses falaises à pic. Le lieu du temple était tout indiqué par les règles de la géomancie chinoise appelée *feng shui* (littéralement « vent/eau ») et encore pratiquée aujourd'hui[4] : il serait adossé à l'une des falaises ne laissant apparaître à travers sa végétation luxuriante qu'une tour de grès rouge. Une fois le lieu choisi, le temple s'est renouvelé au cours des siècles, mais n'a jamais changé de place.

Dans sa forme actuelle, il ne date que du début du XIXe siècle. Jiaqing, cinquième empereur de la dynastie Qing (dynastie mandchoue et dernière que l'Empire ait connue, de 1644 à 1911), ne réussissait pas à avoir d'héritier. Il fit un pèlerinage à Qiyunshan et, peu de temps après, l'impératrice fut enceinte d'un garçon. Sa gratitude fut immense et, sur l'emplacement du vieux temple, il fit construire un temple de grande dimension, en matériaux solides. Celui-ci est précédé d'un vaste parvis qui part à l'abrupt de la falaise. Plusieurs brûle-encens en bronze scandent l'avancée jusqu'aux marches qui y montent. De chaque côté, un bassin rempli d'eau et un four pour brûler les offrandes faites aux défunts. Au centre du large escalier qui précède le temple, une dalle rappelle son origine impériale. Deux dragons y jouent avec une perle. Les vantaux de la porte centrale ne s'ouvraient que pour l'empereur. Lui seul avait le droit de survoler les dragons et leur perle, les porteurs de son palanquin utilisant de chaque côté les marches adjacentes. Certains des vantaux ouvragés qui forment la façade du temple pivotent pour laisser des voies d'accès, à droite et à gauche de l'entrée impériale qui reste toujours fermée. La Révolution culturelle, dans sa folie destructrice de tout ce qui rappelait la Chine ancienne, n'a pas épargné ce haut lieu de culte et il a dû être restauré au cours des années 1990.

La danse du coq

Zhengwu, qu'on appelle aussi Xuanwu, « Wu le sombre, l'insondable, le mystérieux », est incontestablement le maître de Qiyunshan. La population locale, toutes générations confondues, vient en procession, famille après famille, hameau après hameau, village après village, au son de la bombarde et de percussions, se mettre sous sa protection. La ferveur, la confiance, l'engagement de ces hommes et de ces femmes marqués par le difficile travail des champs en montagne et par le soleil violent de l'été s'imposent au spectateur le plus critique. Rien ne les distrait de leur dévotion. Ils portent tous un bâtonnet d'encens et, arrivés sur le parvis du temple, quelques hommes portant de grands paniers d'osier remplis d'offrandes brûlent dans les fours situés de chaque côté de l'entrée les innombrables lingots d'or en carton et tous les papiers jaunes représentant maisons, voitures et tous les autres biens terrestres dont ils veulent être sûrs que leurs défunts ne manqueront pas dans leur autre vie. Aux changements de saison, les processions se succèdent avec leur musique lancinante, matin, midi et même tard dans la soirée. Dans ce cas, la cérémonie est célébrée à la seule lumière des bougies. Les cérémonies comportent plus ou moins de célébrants. Les plus solennelles en comptent cinq principaux.

Les stridulations des cigales dans les arbres apportent un fond musical quasi électronique à ce qui se passe dans le temple. Cinq maîtres ont revêtu des chasubles colorées qui leur tombent jusqu'aux pieds. Ils portent sur la tête une coiffe noire dont un pan carré descend vers le front. La cérémonie obéit aux règles d'une chorégraphie sacrée soigneusement mise au point. Plusieurs autres maîtres sont assis le long du mur qui fait face à l'autel. Ils ne portent pas de chasubles, mais des tuniques chinoises traditionnelles et des pantalons enserrés sous les genoux par leurs chausses blanches. L'un, très âgé, assure le rythme des percussions en jouant du tambour, l'autre fait claquer des cymbales, un troisième utilise un petit gong au son plus aigu que les gongs tibétains, enfin un jeune maître joue d'un instrument qui ressemble, tant par sa forme que par le son qu'il émet, à la bombarde bretonne. Quand ils jouent tous ensemble, ils couvrent la voix des maîtres qui officient.

Les membres de la famille concernée sont tous venus à pied pour cette cérémonie qui marque pour eux l'entrée dans l'automne. Des grand-mères tiennent leurs petits-enfants entre les jambes pour leur apprendre à s'incliner au même rythme que les maîtres et que le fils aîné de la famille (le *gege*), positionné, seul, juste derrière les officiants. Ils sont tous agenouillés sur les rangées de petits bancs alignés devant le maître-autel, et ceux qui n'y ont pas trouvé de place sont à genoux à même le sol. Les rites gardent pour moi leur part de mystère. Je comprends qu'on y invoque les immortels, qu'on chasse les mauvais esprits qui pourraient interférer avec la vie de tous les jours, qu'on présente tous les souhaits de la famille réunie, qu'on se soucie aussi de ses défunts. Mais je suis loin d'en saisir toute la signification.

Voici que les cinq maîtres, après avoir rendu hommage à Zhengwu qui trône au-dessus du maître-autel, prennent place sur des estrades, l'une située en face de l'autel et les deux autres de chaque côté de l'entrée. Apparaît alors le grand-maître dans une chasuble dorée. Son bras gauche replié derrière lui, il tient dans la main droite un gros coq en terre cuite dans le dos duquel est enfoncé un long rouleau calligraphié de papier cartonné. Commence alors ce que j'appelle la « danse du coq » ! Le grand-maître multiplie les génuflexions en tenant le coq bien droit puis, une fois relevé, virevolte sur lui-même en le tenant à l'horizontale à bout de bras, le rouleau de calligraphie pointant vers l'horizon. Sa chasuble s'envole à la manière des jupes des derviches tourneurs. Il se déplace de l'autel principal vers les autels latéraux et recommence à chaque fois sa série de génuflexions et sa valse sur lui-même. La danse se prolonge indéfiniment et répète sa chorégraphie au son des cymbales, du tambour et de la bombarde. Le coq est le messager. C'est lui qui permet de communiquer avec l'univers invisible.

Un jour, sur le pont couvert, appelé « arc-en-ciel », à une centaine de kilomètres de là, j'ai entendu un bruit de cymbales et de tambour qui descendait de la montagne. Une procession est apparue à l'extrémité du pont. Un homme portant un coq vivant venait en tête, suivi d'un autre qui tenait la photographie encadrée du défunt. Les musiciens marchaient derrière, puis les membres de la famille. Avec mes amis, nous avons respectueusement reculé de chaque côté du pont pour laisser passer la procession, nous interrogeant sur le sens du coq en tête du cortège. Je comprends mieux aujourd'hui que pour les taoïstes il joue le rôle d'intermédiaire entre les vivants et les morts[5].

Une fois la danse terminée, le grand-maître récupère le rouleau calligraphié, le déploie devant lui et, monté sur un tabouret, se met à le lire de façon monocorde. Pendant sa lecture un autre maître, restant au sol, lit simultanément un autre texte calligraphié sur un papier jaune très léger. Ce sont tous les souhaits des membres de la famille ou des habitants du village, pour les vivants comme pour les morts. Lorsque le grand-maître descend de son piédestal, il recommence des séries de génuflexions et de valses sur lui-même, le papier plus léger inséré à l'extrémité du long rouleau. Puis il l'allume à l'une des nombreuses bougies qui ornent l'autel et le pose enflammé, pour finir sa combustion, dans le brûle-encens placé au centre de l'autel. Le feu va porter tous ces vœux jusqu'aux dieux.

Nous sommes assis, Zhu Ping et moi, sur un petit banc, un peu à l'écart de l'assemblée. Zhu Ping, en tant qu'historien et calligraphe, a toujours été sensible à la culture traditionnelle chinoise, mais je crois que notre rencontre a éveillé en lui le désir de la vivre plus intensément et de lui consacrer une partie de sa vie. Quant à moi, depuis des années j'essaie d'entrer dans l'intelligence des grands textes taoïstes, le *Laozi,* le *Zhuangzi,* le *Liezi,* le *Huinanzi.* Certains passages de ces textes me comblent de bonheur et s'insèrent comme naturellement dans ma propre philosophie de la vie. D'autres restent bien obscurs pour moi qui ne suis pas sinologue.

Suis-je devenu taoïste ?

Suis-je devenu taoïste ? Ce serait bien présomptueux de ma part de l'affirmer. Comment pourrais-je prétendre connaître le taoïsme sous toutes ses formes et dans tous ses développements ? Le fait d'être aujourd'hui associé à la communauté taoïste de Qiyunshan n'exige de moi l'adhésion à aucun credo. Non seulement le taoïsme n'est pas dogmatique mais il répugne à une ratiocination qui jouerait indéfiniment avec les concepts. Le *Laozi* met en garde contre l'étude (« Abandonner l'étude, c'est se délivrer des soucis », dit-il au chapitre 20), sans doute par réaction à l'insistance avec laquelle Confucius recommande l'étude à ses disciples. Et Zhuang Zi multiplie les mises en garde contre l'illusion que peut procurer l'usage inconsidéré des mots. Cela n'empêche ni l'un ni l'autre, chacun à sa manière, d'affirmer un certain nombre de principes tant pour la compréhension du monde que pour la conduite de la vie. Certains d'entre eux me paraissent sonner juste et, à supposer que j'en comprenne la vraie signification, je ne puis qu'y adhérer. Les Chinois eux-mêmes discutent du sens à donner à chaque caractère ou à chaque expression, surtout en ce qui concerne le *Laozi* qui nous est parvenu en différentes versions et qui utilise les mots dans un sens archaïque dont il est parfois difficile de capter l'exacte signification. Alors que dire de nos traductions en langues occidentales ?

Quand je sortais de l'adolescence, Aldous Huxley m'a transmis l'obsession d'explorer les convergences entre les différentes traditions de l'humanité, en particulier entre les pensées spirituelles d'Orient et celles de l'Occident. Je suis occidental par ma langue maternelle, par ma culture, par ma façon de penser marquée par la philosophie grecque. Il y a déjà longtemps que je ne suis plus en quête d'une étiquette qui, à elle seule, serait capable de me définir. Je n'ai nullement l'intention de jouer au bernard-l'ermite qui irait se loger dans une coquille exotique. Je suis et je reste occidental, mais cela ne m'empêche pas de me sentir en parfaite résonance avec certains aspects de la pensée taoïste et même de trouver que sur certains points, en particulier l'articulation entre la pensée abstraite et l'expérience vécue, elle a su mieux que nous baliser les chemins d'une longue vie heureuse.

« Un nom qui se présente comme nom n'est pas le véritable nom »

Bien avant que l'on parle en Occident de « théologie négative » ou « apophatique », le taoïsme en affirme vigoureusement le principe : du tao, nous ne pouvons rien dire. Certes il n'est pas dans mon esprit d'identifier purement et simplement le tao de la tradition chinoise avec l'idée de Dieu que proposent la Bible, les Évangiles ou le Coran, pas plus d'ailleurs qu'avec le divin à la manière dont le conçoivent les hindouistes. Néanmoins, dans la mesure où les uns et les autres, chacun à sa manière, essaient d'approcher le fond du fond du réel, son principe ultime, ils convergent en déclarant tous que ce principe est ineffable, et que nos mots sont incapables de le saisir et de l'exprimer.

Je prends beaucoup de précautions pour évoquer le rapprochement entre tao et Dieu. Dans le cas des pensées non chinoises, le concept d'être est en effet essentiel pour évoquer le principe de toutes choses. Or la Chine, à notre grand étonnement, ne le connaît pas. Dans la grammaire chinoise, dont j'ai déjà expliqué qu'elle ne comporte aucune conjugaison, un très grand nombre de formes verbales servent aussi d'adjectifs, voire de substantifs. C'est la construction de la phrase qui indique leur fonction. Il y a bien en chinois un verbe « être », *shi*, pour expliquer que je « suis » français. Mais ce verbe n'a jamais donné lieu à un usage comme substantif[6]. Notre concept d'« être » ne peut donc pas s'exprimer directement et les traducteurs sont obligés d'utiliser des détours pour en rendre compte. François Jullien a montré, en particulier dans *Procès ou création*[7], les conséquences que cette structuration de la langue a sur la manière d'aborder la réflexion métaphysique : les Chinois ne pensent pas en termes de substance mais en termes de processus. Cela impose une distinction fondamentale entre le tao et le concept du divin ou de Dieu en dehors de la Chine. Reste en commun la réticence à utiliser des mots humains pour en parler.

> « Une voie qui se présente comme voie
> n'est pas la vraie voie.
> Un nom qui prétendrait la nommer
> n'est pas son véritable nom. »

C'est ainsi que débute le *Daodejing*, du moins dans l'ordre des chapitres auquel nous étions habitués jusqu'aux découvertes archéologiques récentes. Les traductions de ces quatre premiers versets sont innombrables. Celle que j'en donne ici me semble en exprimer le sens fondamental.

Parlant de ce que nous traduisons par l'« être » et le « non-être » mais qui s'expriment indirectement par *you*, « il y a », et *wu*, « il n'y a pas », le *Lao Zi* poursuit :

> « Ces deux états, qualifiés différemment,
> ont une origine commune.
> Cette origine commune est dite insondable.
> Cette insondable insondabilité
> est la porte des merveilles[8]. »

Et plus loin il ajoute :

> « Regardant sans le voir on l'appelle "invisible" ;
> écoutant sans l'entendre on l'appelle "inaudible" ;
> palpant sans l'atteindre on le nomme
> "imperceptible". »

Le peuple juif va jusqu'à renoncer à prononcer le nom du Principe de toute chose, le remplaçant par les périphrases « le Seigneur », voire « le Nom ». En l'occurrence, ce n'est pas par sentiment de ne pas avoir un mot pour le dire mais au contraire parce que ce mot le dit trop bien et est censé avoir la redoutable efficacité d'actualiser sa présence. Dans la tradition chrétienne, nombreuses sont les écoles qui affirment avec force qu'il existe bien un fondement ultime du réel (et elles sont rejointes en cela par les taoïstes qui déclarent à la suite de Zhuang Zi : « Le tao existe : on en connaît les effets »), mais elles affirment avec autant de force que nous sommes à court de mots pour expliquer en quoi ce fondement consiste. Thomas d'Aquin n'éprouve aucun problème pour répondre affirmativement à la question *An sit ?* (Est-ce qu'il existe ?) mais avec beaucoup de circonspection à la question suivante : *Quid sit ?* (Qu'est-ce que c'est ?).

Pour l'évoquer, nous ne pouvons procéder que par la négation des modalités propres à tout ce que nous connaissons. Si nous persistons à vouloir en parler avec des catégories que nous utilisons dans le monde humain, nous ne pouvons le faire que sur le mode analogique. Or, dans l'analogie, la différence sur le fond l'emporte de loin sur la ressemblance que l'on s'efforce de saisir comme par un biais. Juste un exemple : le christianisme, parlant de Dieu, lui attribue l'amour. « Dieu est amour », entend-on souvent proclamer dans les prêches. Mais qu'est-ce que cet amour, attribué au principe de toute chose, a de commun avec l'amour que nous nous portons les uns aux autres ? Le Jésus des Évangiles qui se fait parfois philosophe nous éclaire sur ce point en précisant : « Il fait lever son soleil sur les méchants et sur les bons, et tomber la pluie ur les justes et les injustes » (Mt 5, 45). Autrement dit, l'amour attribué au fondement ultime du réel fait fi de la morale. Son *amour*, à la différence du nôtre, est à proprement parler métaphysique : il aime tout ce qui est, du seul fait que cela est. Il enveloppe donc le bourreau aussi bien que la victime. Nous sommes bien loin des formes d'amour que nous ressentons dans notre univers humain. « Amour » n'est donc attribué au principe de toute chose que par analogie et l'analogie est malheureusement souvent proche de l'abus de langage.

Les mystiques, eux, ne s'encombrent pas d'analogie. Saint Jean de la Croix préférait dire : *Nada, nada* (Rien de rien) comme en écho aux textes de l'Inde qui répètent : *Neti, neti* (Pas ainsi, pas ainsi). Quelle que soit la définition de l'*atman-brahman* que l'on puisse proposer, les Upanishads répondent : « Non, ce n'est pas ainsi que l'on peut le définir. » Le taoïsme, sur ce point précis, ne fut donc pas étranger à la grande tradition de l'apophatisme qui devait plus tard se développer en Inde comme en Occident. Elle vise l'expérience directe du fondement ultime du réel et non l'adhésion intellectuelle à des concepts.

Un autre point rapproche le taoïsme de la pensée occidentale. Le tao est considéré comme la source de tout mouvement, de toutes les transformations, de toutes les mutations qui ont incessamment lieu dans le monde. Mais lui-même n'est pas affecté par le mouvement. Il fait penser au « moteur immobile » d'Aristote qui meut tout mais reste lui-même immobile. Thème que la liturgie cistercienne du XIIe siècle reprit dans un hymne que je chantais, jeune moine à Boquen : *Immotus in se permanens* (À jamais immobile en lui-même).

« L'un engendre le deux »

Il est un point sur lequel le taoïsme me semble ouvrir des pistes de réflexion stimulantes pour l'Occident : son passage par le deux et le trois pour transiter de l'un originel à la multiplicité des « dix mille êtres », expression utilisée par les classiques chinois pour désigner la totalité de ce que nous connaissons dans le monde. Dans un chapitre qui peut paraître limpide mais qui est peut-être l'un des plus énigmatiques, le *Laozi* affirme :

> « Le tao engendre l'un,
> l'un engendre le deux,
> le deux engendre le trois,
> le trois produit les dix mille êtres »
> (traduction de l'auteur).

Le passage par le deux ne pose pas de problème particulier d'interprétation parce que l'on peut comprendre que l'un comporte en son origine la distinction entre le yin et le yang ; il est habité par le deux. La difficulté commence quand on cherche à comprendre ce que veulent dire ce yin et ce yang. Certains textes présentent le fonctionnement du tao comme la constante transformation du yin en yang et du yang en yin, comme la nuit succède au jour ou l'hiver à l'été par croissance de l'un et diminution de l'autre jusqu'à ce qu'un basculement inverse le processus. D'autres textes les présentent comme de simples opposés : le haut et le bas, le long et le court, etc. Cette distinction du yin et du yang est antérieure à l'apparition des grandes écoles philosophiques chinoises. Elle est codifiée dans un livre mystérieux, le *Yi Jing*, ou *Classique des mutations*, qui constitue une source commune au taoïsme et au confucianisme. Confucius est même censé en avoir écrit le commentaire le plus autorisé.

Dans le *Yi Jing*, le yang est représenté par un trait plein ; le yin, lui, par un trait rompu en son milieu. Deux éléments que l'on peut combiner de différentes façons. Les Chinois vont exceller dans ce jeu mathématique. En prenant ces deux éléments trois par trois (avec possibilité de répétition de chacun d'entre eux), on obtient huit figures (et seulement huit) par la formule $2^3 = 8$. Et c'est ainsi que sont nés les trigrammes (figures formées par trois traits) qui entourent traditionnellement le dessin du tao (le *tai ji*). En les prenant six par six, la même formule : $2^6 = 64$ donne les soixante-quatre hexagrammes qui structurent le *Yi Jing*.

Au moment où Leibniz invente l'arithmétique binaire, il entretient une correspondance assidue avec les missionnaires jésuites qui étudient le *Yi*

Jing en Chine[9]. Il n'y a peut-être pas de relation de cause à effet entre ces deux événements, mais l'utilisation des trigrammes et des hexagrammes par les Chinois a certainement conforté Leibniz dans sa démarche. On peut penser que le *Yi Jing* a en quelque sorte ouvert la voie à l'algèbre binaire qui, reprise au XIXe siècle par Boole, a permis l'éclosion contemporaine de l'informatique.

J'ai pour ma part une interprétation du yin et du yang dont je ne prétends nullement qu'elle se trouve explicitement chez les philosophes chinois. Elle est néanmoins d'inspiration taoïste. Pour moi, l'un est un et reste un même lorsqu'il se révèle habité par le deux. Cette affirmation peut paraître énigmatique. Elle se comprend cependant sans problème si on se réfère à la logique qui régit l'infini[10]. De même que le zéro, si on le divise, reste toujours zéro, l'infini ne peut être divisé et reste toujours l'infini. Imaginons l'un (avec l'inadéquation qu'implique toute imagination) comme un soleil resplendissant d'où émaneraient deux soleils de même dimension, l'un yin, l'autre yang. À tous les points qui composent le soleil originel (et ils sont en quantité infinie) correspond un point dans le soleil yin et il en va de même pour tous les points du soleil yang. Le soleil originel n'est donc pas divisé en deux parties, une moitié yin et l'autre yang. Il est totalement yin, totalement yang. Et c'est de l'interaction entre ces deux principes, d'égale importance, d'égale dignité, que jaillit la diversité du monde. Je note en passant que la projection de ce modèle sur la société humaine bannirait tant le patriarcat que le matriarcat, exigeant l'interaction harmonieuse du principe masculin avec le principe féminin.

Dans mon hypothèse, le trois peut être compris de deux façons différentes. Soit on remonte en amont (l'un, le yin et le yang) et on rejoint alors l'interprétation du maître du fleuve que rappelle Catherine Despeux : « L'Un engendre le yin et le yang. Ceux-ci une fois engendrés, le souffle de l'harmonie devient opaque et ces trois souffles (l'Un, le yin, le yang) forment le ciel, la terre et l'homme[11]. » Soit on descend en aval pour faire trois avec tout ce qui résulte de l'interaction du yin et du yang, faisant droit à une logique ternaire pour la compréhension des êtres et des choses comme le proposent un certain nombre de penseurs occidentaux, à la suite des travaux de Stéphane Lupasco[12].

Je suis pour ma part tenté d'interpréter le trois dans les deux sens, en amont et en aval ! En amont, je vois l'un, le yin et le yang former une triade parfaitement une (l'un n'étant pas partagé en deux mais étant totalement yin et totalement yang) et, en aval, je pense qu'une logique ternaire offre une grille de compréhension de nos vies et du monde de loin supérieure à la pure logique du tiers exclu dont l'usage est prédominant en Occident et qui, entre une affirmation et sa négation, n'envisage pas de troisième position possible. Une telle logique voit tout en noir et blanc ! Analyser une situation non pas en fonction de la grille binaire du mal et du bien, du vrai et du faux, mais en essayant de discerner comment jouent, l'une sur l'autre, les deux polarités qui la sous-tendent est infiniment plus perspicace. Parfois la tension vers l'un est trop forte et tend vers des situations d'enfermement, à la limite de l'asphyxie. Parfois c'est celle vers le multiple qui l'emporte et alors le danger est à l'émiettement et, sous sa forme extrême, à l'explosion. Ni l'un ni le multiple ne sont à condamner en eux-mêmes. Ils ne s'identifient ni au bien ni au mal, c'est leur interaction, leur régulation qui est en jeu. Si elle est harmonieuse, le bonheur en résulte ; si l'un d'entre eux l'emporte et s'impose à l'autre, alors surgissent les catastrophes qui, d'une façon ou d'une autre, débouchent sur une forme de mort.

François Cheng offre une autre interprétation du trois dont parle le *Laozi*. Je ne doute pas qu'elle soit plus juste d'un point de vue strictement chinois :

« Le Trois, dans l'optique taoïste, représente la combinaison des souffles vitaux Yin et Yang et du Vide médian… Ce Vide médian, un souffle lui-même, procède du Vide originel dont il tire son pouvoir. Il est nécessaire au fonctionnement harmonieux du couple Yin-Yang : c'est lui qui entraîne les deux souffles vitaux dans le processus de devenir réciproque[13]. »

C'est le « Vide médian » qui rend possible l'interaction féconde du yin et du yang débouchant sur les « dix mille êtres » du monde.

« Ce qui est naît de ce qui n'est pas[14] »

Ce verset est sans doute un des plus difficiles à traduire du chinois. Cyrille Javary en cite différentes traductions et propose un mot à mot qui n'est pas français mais qui éclaire le texte original :

> « Dix mille choses naître de avoir ;
> avoir naître de négation[15]. »

Nous sommes ici au cœur de l'interrogation métaphysique. Leibniz l'a posée en termes des plus simples qui me semblent cependant être toujours pertinents aujourd'hui : « Pourquoi y a-t-il quelque chose plutôt que rien ? » Pourquoi moi, pourquoi la Terre sur laquelle je vis, pourquoi le système solaire auquel elle appartient, pourquoi l'ensemble des galaxies ? Je comprends sans problème la première partie de la question. Mais la deuxième : « ... plutôt que rien ? » dépasse ma pensée et mon imagination : je suis incapable de penser et même d'imaginer un rien tel qu'il n'y ait pas même une conscience pour prendre conscience qu'il n'y a rien !

Puisque je suis ici en train de me poser la question, l'hypothèse d'un tel rien, d'un tel néant est exclue. J'en déduis qu'il existe un fondement ultime du réel qui soutient tout ce qui existe dans l'existence. Je dis « fondement » et non cause, parce que les causes, prises dans la chaîne des causes et des effets, sont déjà soumises à l'espace et au temps. Ce fondement ultime du réel est nécessairement vide de toutes les choses et de tous les êtres que nous connaissons. Il n'est encombré par rien. Il est donc bien du côté du « il n'y a pas » dont parle le *Laozi*. Vide de toute forme que nous pourrions localiser et saisir, il est sans forme. « Qui engendre les formes est sans forme », affirme Zhuang Zi. « Vide, sans forme, son aspect est obscur, pourtant de cette obscurité procède la vie de tous les êtres », proclame l'un des Canons de l'Empereur jaune[16]. Ce concept est central dans la pensée taoïste comme l'a souligné François Cheng dans *Vide et plein* : « Le Vide est le fondement même de l'ontologie taoïste. Il est à la fois cet état suprême de l'Origine et l'élément central dans le rouage du monde des choses[17]. »

Le vide, oui, mais un vide agissant. Il n'est pas le pur néant évoqué par la question de Leibniz. Sinon nous ne serions pas ici en train de nous interroger. Rappelons-nous l'adage de Zhuang Zi : « Le tao existe : nous en connaissons les effets. » Si ce vide n'est pas pur néant, c'est qu'il s'agit d'un vide *plein*. Mais pour que cette expression ne soit pas purement et simplement contradictoire, il est nécessaire que ce vide soit plein d'une plénitude telle qu'elle laisse intacte sa vacuité ! Pour le taoïsme ce vide est rempli par un souffle. « Le souffle primordial constitue l'unité originaire de tous les éléments », écrit à son sujet François Cheng[18]. Souffle et énergie sont étroitement associés.

Pour moi, Occidental, cela me convient très bien. Ce vide plein de « souffle-énergie » reste vide de toute forme, de toute chose. Je suis cependant enclin à lui ajouter une troisième attribution : celle de la conscience. Au cœur du réel je pose donc un vide, un « il n'y a pas », mais un vide plein, plein de « conscience-souffle-énergie ». C'est sans doute sur ce point non pas que je me sépare, mais que je fais un pas de plus que le taoïsme. Je ne pense pas qu'il ait jamais attribué la conscience au tao. C'est ce qui me porte à écrire prudemment « tao » avec une minuscule. En l'écrivant avec une majuscule je risquerais de lui attribuer indûment la conscience que pour ma part, lucidement, j'attribue au fondement ultime du réel.

Le *Huinanzi*, sorte de manuel taoïste rédigé à la demande du prince du Huinan au IIe siècle avant J.-C., précise :

> « Déployé, le tao couvre les six jonctions (c'est-à-dire la totalité de l'univers).
> Lové, il ne remplit pas le creux de la main[19]... »

Le fondement ultime du réel revêt en effet ces deux aspects : en lui-même, non seulement il tient dans la paume de la main mais il est réductible à un point, sans épaisseur ni durée. Jacob Boehme, théosophe allemand du début du XVIIe siècle, le qualifie de *Ewig nichts*, de « rien éternel ». Déployé, il est présent jusqu'aux extrémités du monde, au plus profond de tout ce qui existe. Il est immanent à l'univers : aucune particule, aussi infime soit-elle dans l'espace et aussi fugitive soit-elle dans le temps, ne peut exister sans être habitée par lui. D'où l'affirmation poétique du même *Huinanzi* :

« Il encorde les espaces et les temps[20]. »

Le continent des esprits

Mais comment passer de ces hauteurs philosophiques à la danse du coq et aux cérémonies qui se déroulent dans le temple de Qiyunshan ? À vrai dire, il n'est pas facile, il est même impossible de déduire une religion à partir d'une philosophie, fût-elle métaphysique. Je dirais même : surtout si elle est métaphysique ! La perception aiguë de l'omniprésence et de l'omniscience du principe ultime qui sous-tend l'univers rend vains tous les rites et tous les discours. Ce principe est « plus intime à nous que nous-mêmes », selon l'expression de saint Augustin. Il nous connaît de l'intérieur. « Même nos cheveux sont comptés », précise le Jésus des Évangiles. Il sont « comptés » parce qu'ils sont connus du seul fait qu'ils existent. Toutes ces convictions, métaphysiques, rendent caduc le fond même des religions. C'est parce que Jésus en était convaincu qu'il n'a pas désiré en créer une nouvelle mais qu'il a souhaité insuffler à la religion de son temps un esprit qui la libère de ses certitudes et du carcan de ses rites et de ses interdits.

Toutes les religions qui existent ont dû avoir recours, pour s'incarner, aux rituels des traditions chamaniques qui ont été le lot commun de toute l'humanité, de la Sibérie à l'Afrique, du Japon aux Amériques du Nord comme du Sud. C'est le chamanisme réinterprété à la lumière des différentes croyances qui fournit le matériau de base des religions. Aucune grande religion n'a donc échappé au besoin d'y recourir en s'appuyant sur les traditions des pays dans lesquels elle voulait s'implanter. Le bouddhisme tibétain a beaucoup emprunté à la religion Bön qui avait cours avant son arrivée au Tibet, ce qui explique la grande différence des rituels entre le bouddhisme tibétain et, par exemple, le bouddhisme zen : d'un côté des trompettes tonitruantes et un cadre très coloré, de l'autre le silence dans un cadre en noir et blanc. Le christianisme, de son côté, a dû emprunter de toutes parts, aux Juifs, aux Égyptiens, aux Grecs, aux Romains, et plus tard aux traditions qu'il condamnait par ailleurs comme païennes pour s'implanter dans les mondes grec, romain et celte. Nombreux sont les rituels du christianisme populaire pratiqués dans les églises qui n'ont aucune racine dans les Évangiles.

Les fondateurs de la religion taoïste n'y ont pas manqué. Ils ont puisé dans la religion populaire de la Chine traditionnelle pour constituer leur bagage rituel. Ils ont condamné les sacrifices aux dieux locaux, quitte par la suite à intégrer ceux-ci dans leur panthéon. D'où l'étonnement que ressentent les lecteurs occidentaux du *Laozi* lorsqu'ils arrivent dans un univers comme Qiyunshan, polarisé sur la figure de Zhengwu et peuplé d'empereurs célestes, de déesses mères, d'immortels, auxquels se mélange (assez modestement d'ailleurs) le souvenir de Lao Zi ! Le taoïsme religieux est très occupé par les esprits des défunts, cherchant à se protéger de ceux qui pourraient venir troubler la vie de tous les jours, ou à acquérir la protection de ceux qui sont devenus immortels. John Lagerwey a intitulé son étude magistrale sur le taoïsme religieux *Le Continent des esprits*, et c'est aussi la manière dont les Chinois eux-mêmes ont souvent désigné leur pays[21].

Tout cela peut paraître bien loin de la philosophie et du fondement ultime du réel ; mais mon observation des religions ne m'a jamais conduit à mépriser, comme par purisme, leurs formes populaires. L'homme a besoin de s'exprimer pour être, quel que soit son mode d'expression : geste, parole, vêtement, habitation. Et quand il s'agit d'éveiller sa conscience au fondement ultime du réel qui dépasse l'entendement, tous les mots, tous les gestes, tous les rites sont bons si, pour ceux qui les utilisent, ils sont efficaces et qu'ils réactivent en eux leur confiance fondamentale dans la vie, le tao, la nature, Dieu (quelle que soit la manière dont ils l'expriment). Cela vaut pour le christianisme populaire comme pour les autres religions. Ce qui m'amène à prendre des distances avec ce dernier, ce ne sont pas ses pratiques mais son dogmatisme. Sa volonté de nous faire croire comme faits historiques de belles légendes susceptibles d'avoir la puissance de mythes. Un de mes amis chinois, parfaitement ignorant du dogme chrétien, a fait il y a quelques années le pèlerinage de Fatima pour ressentir l'intensité de l'énergie qui se dégage des foules rassemblées. Il n'a pas été déçu ! Ce qu'il appelle le *qi field*, le « champ d'énergie », y était puissant.

Le retour au « sans-forme »

Le taoïsme considère la mort comme un phénomène naturel. Nous vivons de la naissance à la mort comme l'herbe traverse les saisons du printemps à l'automne. Aucune raison de surévaluer la vie. Aucune raison de craindre la mort. L'une et l'autre sont dans l'ordre des choses. L'une et l'autre suivent la voie du tao. « Dans l'Antiquité, l'homme véritable ne connaissait ni amour de la vie ni horreur de la mort ; il ne se réjouissait pas de son apparition et ne redoutait pas sa disparition ; il s'en allait tout naturellement comme il était venu, sans plus », écrit Zhuang Zi (chap. 6). Son attitude à l'occasion de la mort de sa femme illustre bien cette philosophie : ses amis, venant lui présenter leurs condoléances, le trouvent en train de jouer du tambour. Ils s'étonnent de cette légèreté dans une situation qui, à leurs yeux, appellerait bien plutôt la tristesse et le deuil. Zhuang Zi leur répond qu'il a en effet été affecté par la mort de son épouse mais qu'à bien y réfléchir, il n'y a pas de raison de s'attrister : avant de naître elle était sans forme, pendant sa vie elle a bénéficié d'une forme, en mourant, elle est retournée au sans-forme ; tout est dans l'ordre des choses. Telle est la vision du taoïsme philosophique.

La religion populaire, avec le culte des ancêtres, en donne une tout autre image, qu'on peut même juger contradictoire. Pour elle, les morts restent vivants, sur un autre plan certes, mais avec toutes les dimensions de leur vie. C'est pourquoi, dans l'Antiquité, les empereurs se faisaient enterrer avec leurs concubines et leurs ministres. C'est pourquoi Qin Shihuang Di, le « Premier Empereur », avait fait reproduire son armée en terre cuite et l'avait disposée sous terre pour défendre son tombeau. C'est pourquoi encore aujourd'hui on apporte de la nourriture aux défunts et qu'on fait brûler devant leur tombe la reproduction sur papier de tous les biens terrestres dont on pense qu'ils peuvent avoir besoin. Le feu se charge de les leur faire parvenir. Cette vision populaire de la mort ne me semble pas découler de la philosophie élaborée à partir du « il y a/il n'y a pas ». Elle me semble résulter davantage de deux vertus fondamentales pratiquées de tout temps en Chine mais sur lesquelles Confucius a mis un accent très fort : la piété filiale et le sentiment d'appartenance à une famille, à un clan. J'en vois la confirmation dans ce dialogue entre Confucius et un de ses disciples, rapporté par Cyrille Javary : « À un de ses disciples qui lui demandait : "Nos ancêtres décédés pour lesquels nous apprêtons mets d'offrande et bâtonnets d'encens, sentent-ils réellement l'odeur de nos présents et la ferveur de nos prières ?" Confucius répondit simplement : "Ne suffit-il pas que nous soyons réunis tous ensemble en leur nom ?"[22] »

Ce qui compte pour Confucius, c'est de resserrer les rangs entre les vivants en les rattachant vigoureusement au souvenir de tous ceux de leurs ancêtres qui les ont précédés dans la mort. La question théorique de leur survie ne l'intéresse pas. Morts et vivants sont toujours imbriqués dans la même famille. « L'extinction d'un clan ou d'une lignée est restée tout au long de l'histoire chose plus redoutée que la mort individuelle », rappelle Catherine Despeux[23].

Lorsque nous avons l'occasion de sillonner la Chine rurale en autobus avec nos amis, nous leur faisons souvent remarquer des ensembles de tombes accrochées à flanc de coteau. Aujourd'hui les terres arables se font de plus en plus rares. L'extension rapide des villes, la construction accélérée des infrastructures – routes, autoroutes et aujourd'hui lignes de train à grande vitesse – en réduisent drastiquement la superficie comme peau de chagrin. Le gouvernement n'autorise donc plus leur utilisation pour des sépultures. Tous les Chinois doivent se faire incinérer. Mais à l'époque de ces tombes, les obsèques avaient leurs propres règles. Le cercueil devait être creusé dans un seul tronc d'arbre. Cela représentait un gros investissement pour les familles mais constituait en même temps un témoignage indubitable de leur piété filiale.

Les taoïstes ne s'intéressent pas vraiment au corps que le mort laisse à sa famille. Dans certaines régions, ils disent même : « Le taoïsme est une religion de la vie ; que les bouddhistes s'occupent des morts[24] ! » D'une façon générale, ils laissaient autrefois à des maîtres de cérémonie confucéens le soin de s'occuper des funérailles. Leur préoccupation était de s'assurer que le défunt soit vraiment devenu taoïste.

Le maître s'adresse en ces termes au défunt : « Dans la vie, tu as été un homme (ou une femme) : maintenant, tu vas devenir un dieu. Nous allons faire pour toi une tablette d'ancêtre et des offrandes. Nous faisons ces rites pour toi et nous jouons cette musique afin de faciliter ton ascension au paradis[25]. »

S'il s'agit de mort accidentelle, interrompant la vie d'un être encore jeune, alors la cérémonie prend un caractère d'exorcisme afin de veiller à ce que le défunt, qui n'est pas préparé à entrer dans sa nouvelle demeure, ne vienne pas hanter le monde des vivants. Les Chinois redoutent ces esprits rôdeurs et les cérémonies ont souvent pour objectif d'en protéger la vie quotidienne.

Les vêtements de deuil en Chine ne sont pas de couleur noire. Les familles endeuillées, pour marquer leur chagrin et sortir des futilités mondaines, ne teintaient plus leurs tuniques. Souvent tissées à partir du chanvre, elles restaient donc écrues. Avec le temps, d'écrues elles sont devenues blanches et le blanc est désormais la couleur du deuil. Le même phénomène s'est produit avec les tuniques des moines cisterciens. Par opposition aux moines bénédictins qui portaient des tuniques teintées en noir, leurs fondateurs décidèrent en signe de pauvreté de ne pas teindre leurs vêtements. Ceux-ci étaient donc écrus. Avec le temps ils ont blanchi et, paradoxalement, la tunique blanche que je portais à Rome comme jeune moine cistercien semblait beaucoup plus précieuse que celle, restée noire, de mes collègues bénédictins !

Le culte des ancêtres qui a déclenché la querelle des rites au XVIIe siècle n'est pas vraiment étranger à notre monde occidental. Le culte des saints, cher à l'Église catholique romaine comme à l'Église orthodoxe et rejeté seulement par le protestantisme, en est une forme avérée. Les saints sont célébrés comme des ancêtres ayant atteint une certaine forme d'immortalité. Quand je suis entré à l'abbaye de Boquen, très inspiré par la mystique hindouiste, j'ai été surpris de constater l'importance qu'occupait le culte des saints dans la vie du père Alexis. Son nom de baptême était Mathurin. Or saint Mathurin (dont, à vrai dire, je ne sais strictement rien) était un des sept saints guérisseurs honorés à Notre-Dame-du-Haut de Moncontour, non loin de Boquen. Dom Alexis s'était procuré les statues de chacun de ces saints et les avait disposées dans les sous-bois, à l'orée de la forêt. Il ne manquait pas un seul jour d'accomplir son pèlerinage aux sept saints. Il allait implorer leur protection comme les Chinois de Qiyunshan vont implorer la protection de Zhengwu et des immortels. Le culte des saints semblait occuper plus de place dans sa vie que le culte de Jésus, encore que Jésus puisse aussi être honoré comme l'un de nos illustres ancêtres !

Nourrir sa vie

« Nourrir sa vie[26] » ou « nourrir le vivre[27] », le choix reste ouvert pour traduire *yang sheng,* un des concepts centraux de la culture traditionnelle chinoise. C'est sans doute l'un des aspects du taoïsme et, d'une façon plus générale, de la tradition chinoise, à l'égard de la vie et du vivre qui explique l'attrait qu'ils exercent aujourd'hui en Occident. Celui-ci est comme otage de sa conception binaire de l'homme composé d'un corps et d'une âme. Son corollaire, au moins dans le christianisme tel qu'il s'est développé au cours des siècles, est de considérer le corps comme un boulet que l'âme doit traîner et qui la handicape dans son développement. D'où la nécessité de le mater, de le dompter, au besoin de le faire souffrir pour libérer l'âme de ce fardeau.

Par réaction à cette vision doloriste, vision à la limite du masochisme, le monde occidental contemporain est passé à l'extrême inverse : le corps est élevé au rang d'un absolu. L'une et l'autre de ces attitudes extrêmes sont fondées sur la même anthropologie à laquelle les philosophies orientales, dans leur diversité, ont pour l'essentiel échappé, ce qui explique leur attractivité pour tous ceux qui, se dégageant des carcans imposés il n'y a pas si longtemps par leur religion, aspirent à un développement spirituel serein.

Depuis déjà longtemps, le mot « âme » ne fait plus partie de mon vocabulaire. Je ne conçois pas l'homme comme composé de deux éléments hétéroclites et comme étrangers l'un à l'autre : l'âme et le corps. Pas plus d'ailleurs que composé de trois éléments : le corps, l'âme et l'esprit, comme le pensent certaines traditions. Pour moi, nous sommes profondément un. Cet un est certes complexe, multifonctionnel, mais en lui, tout se tient. Composés d'atomes communs à ceux de l'ensemble du monde minéral, nous bénéficions de la vie comme les végétaux et les animaux et sommes gratifiés seulement d'un niveau supérieur de complexité qui nous permet d'atteindre, par moments, des niveaux de conscience auxquels les plantes n'accèdent pas et un peu plus sophistiqués que ceux auxquels ont accès les animaux les plus proches de nous. Cela ne fait pas de nous une espèce totalement à part. Respiration, digestion, émotions, capacités intellectuelles, ouverture spirituelle, en nous, tout se tient, chaque niveau est conditionné par les autres et a des répercussions sur les autres. La manière dont je dors, dont je me tiens debout, dont je marche, dont je respire, dont je mange, dont je digère, dont je gère mes relations aux autres, tout influence ma capacité de penser et jusqu'à ma capacité de faire le vide en moi pour faire le plein d'énergie. Même l'éveil de ma conscience passe par le bon fonctionnement de mon cerveau, de mon système nerveux et, de façon plus générale, de mon corps. Il n'y a pas une vie corporelle d'un côté et une vie spirituelle de l'autre. Je ne vois d'ailleurs pas par où passerait la frontière. Non, je suis là, avec mon potentiel de vie, et le concept chinois de « nourrir la vie » ou « nourrir le vivre » me rappelle, comme le résume François Jullien, que « toute la vocation de mon être, et ma seule responsabilité, est dans le soin que je prends d'entretenir et de déployer ce potentiel de vie dont je suis investi[28] ». L'entretenir et le déployer dans toutes ses dimensions. Pour les taoïstes, c'est en m'ouvrant au *qi* et en mettant le mouvement de ma vie en harmonie avec celui du tao que je pourrai y parvenir. Pour eux, le tao est souffle-énergie. Il se manifeste sous la forme du *qi*, omniprésent dans le monde, et disponible à tous ceux qui s'ouvrent pour le recevoir. Le *qi* peut être considéré comme la force du tao rendue accessible aux hommes.

Comme les nestoriens de Da Qin l'avaient pressenti, le christianisme aurait pu attribuer le même rôle au Saint-Esprit, dont le nom *Spiritus* est bâti sur la racine *spir* qu'on retrouve dans « res*pira*tion » et que Jésus compare au vent dont « on ne sait ni d'où il vient ni où il va ». Il aurait pu suggérer aux hommes d'aspirer le Saint-Esprit en respirant, comme les Chinois le font du *qi* ou les hindouistes du *prana*. Il aurait été Dieu mis à la disposition des hommes (de façon tout à fait universelle, abstraction faite de la religion à laquelle ils appartiennent) comme le *qi* l'est pour le tao.

Les orthodoxes ont pressenti quelque chose de cet ordre-là avec la théorie des « énergies incréées » défendue par le grand théologien du XIVe siècle, Grégoire Palamas. Pour lui, Dieu est présent dans ses « énergies incréées » autant qu'il l'est en lui-même et celles-ci sont accessibles aux hommes. Dans la polémique qui l'opposa au théologien italien Barlaam le Calabrais, il établit, en s'appuyant sur les Pères grecs, une distinction entre l'essence même de Dieu à laquelle nul ne peut participer et ses énergies qui, elles, sont susceptibles d'être partagées. Pour lui, Dieu est inconnaissable en lui-même, mais cela ne condamne pas pour autant l'homme à l'ignorance. Dieu en effet se révèle à l'homme dans ses énergies qui le rendent totalement présent et agissant. Cette conviction est à la base de la pratique de l'hésychasme, la « prière du cœur », qui porte une grande attention à la posture corporelle et à la respiration. Cela faisait beaucoup rire mes jeunes condisciples à l'université San Anselmo de Rome, tant il leur semblait naïf et, à vrai dire, invraisemblable que l'on attribue une telle importance au corps dans la recherche de l'Esprit. Sous l'influence récente des traditions orientales, cela a bien changé aujourd'hui, y compris, si je suis bien informé, dans de larges secteurs de l'Église catholique romaine.

Ce passage du tao au *qi* explique le caractère existentiel de la recherche spirituelle en Chine (comme la théorie des « énergies incréées » explique le caractère plus existentiel de l'orthodoxie par rapport au christianisme occidental plus nettement juridique). Il n'y a aucune rupture entre les pratiques qui revêtent une dimension corporelle et la recherche de l'intériorité. De même que la théologie orthodoxe ignore le concept de « surnature » qui, dans la doctrine romaine, vient encore durcir le dualisme entre Dieu et sa créature, de même pour le taoïsme il est de la nature de l'homme, entre ciel et terre, de se laisser envahir par le *qi* et de se laisser porter tout au long de la vie par le tao. Pierre-Henry de Bruyn consacre pratiquement la totalité de son livre sur le taoïsme à la transformation spirituelle du corps sous ses différents aspects[29]. Tout au long de ces chroniques, depuis ma découverte du « yoga tibétain » jusqu'à mon installation à Qiyunshan, j'ai essayé de donner à ressentir cet art de vivre pour lequel vivre et vivre spirituellement ne font qu'un.

Avec Zhu Ping, je suis allé un jour à Shanghai rendre visite à un vieux maître de *qi gong*. Frustré de les entendre bavarder longuement sans que je comprenne quoi que ce soit à leur conversation, je me suis permis, au bout d'un certain temps, d'intervenir et de demander au maître ce qu'il enseignait. « Rien », m'a-t-il répondu. Il n'enseignait en effet rien d'autre que vivre, tout simplement !

Une trace éternelle

Pour Zhuang Zi, sa femme en mourant, après avoir joui d'une forme, était retournée au « sans-forme ». Il ne précise pas si le « sans-forme » garde une certaine mémoire de tout ce qui, dans l'espace et dans le temps, a possédé une forme, mais je n'ai pas l'impression que cela fasse partie de sa philosophie. Les hindouistes aiment la métaphore de la goutte d'eau qui tombe dans l'océan : qu'en reste-t-il une fois qu'elle ne fait plus qu'un avec l'océan ? Cela a fait en Inde l'objet de nombreuses interprétations et aussi de polémiques.

Si, comme j'en fais l'hypothèse, le fondement ultime du réel n'est pas seulement sans forme, qu'il n'est pas un océan indifférencié, mais qu'il possède une forme de conscience, incommensurable à la nôtre, alors, de toute éternité (hors espace, hors temps) il est conscient de tous les instants de l'histoire de l'univers (et, s'il y en a plusieurs comme le pensait Giordano Bruno, de tous les univers). Il est en particulier conscient de tous les instants de l'histoire de l'humanité et donc de tous les instants de ma propre vie. Il s'ensuit que chacun des instants que nous vivons possède deux dimensions : tout d'abord la dimension éphémère dont nous avons conscience et qui s'efface vite dans l'espace et le temps, mais aussi une dimension éternelle (hors espace et hors temps) parce qu'il est connu de l'intérieur par le fondement ultime du réel qui lui donne d'exister. Pour maître Eckhart, nous sommes Dieu en Dieu[30]. Pour lui, la pensée d'une souris « en Dieu » est infiniment plus précieuse que la réalité de cette même souris évoluant dans l'espace et le temps. Ce qui vaut pour une souris vaut évidemment pour nos vies humaines. Elles existent dans l'espace et le temps où elles ne laissent qu'une trace éphémère, mais pour pouvoir exister, elles sont présentes de toute éternité au « vide plein de conscience » qui leur permet d'exister.

La conscience dont je jouis au moment où j'écris ces lignes est inéluctablement liée au fonctionnement de mon cerveau et de mon système nerveux et, globalement, au fonctionnement de tout mon corps. Le jour où je mourrai, ceux-ci se décomposeront. Ils ne pourront plus être le support de cette modalité particulière de la conscience. Celle-ci ne sera donc plus en état de fonctionner. Pour elle, la mort marque bien la fin de l'histoire. Elle constitue un « repos éternel » mais c'est celui d'un sommeil profond, sans la moindre lueur de conscience, même simplement onirique. Si nous n'avions que cette existence historique, tout serait définitivement fini.

Mais qu'advient-il à la totalité des instants de nos vies connus de toute éternité, de l'intérieur, par le fondement ultime du réel ? Chaque instant vécu (les plus merveilleux comme les plus horribles, les plus glorieux comme les plus humiliants) a laissé comme une trace dans la mémoire éveillée du monde. Comme une information sur le disque dur de l'ordinateur cosmique (même si cette métaphore qui nous parle aujourd'hui est à manier avec précaution). Dans un roman policier qui ne manque pas de profondeur métaphysique, le faux Dieu qui en est le personnage principal exprime un certain nombre d'idées dont certaines me semblent particulièrement pertinentes : « L'information contenue par l'univers ne peut pas mourir. Il n'y a pas un pas, un souvenir, pas un chagrin qui puisse être oublié. En tant qu'individu vous disparaîtrez dans le tourbillon du temps, vos molécules seront dispersées. Mais ce que vous étiez, ce que vous avez fait, la manière dont vous avez vécu resteront à jamais intégrés au calcul universel. (...) La mort est une transition informationnelle. Ne la redoutez pas[31]. » C'est exactement le fond de ma pensée. Je regrette seulement que, dans le roman, elle sorte de la bouche d'un manipulateur. Elle n'en a pas moins été pensée par l'auteur dont j'apprécie l'intuition et, ici encore, peu importe l'origine du message, s'il est porteur d'une vision juste de la réalité.

Dans l'éternité, aucun des moments de notre vie ne manque à l'appel. Ce n'est pas nous, à l'âge de notre mort (comme on pourrait le penser dans la représentation populaire de la résurrection), mais bien la totalité des instants de nos vies qui sert d'éventuel support à une autre modalité de la conscience. Depuis la période qui précède notre conception dans le désir de nos parents jusqu'à celle qui suit notre mort si nous laissons un souvenir ému chez nos proches ou quelque trace pour la postérité. Dans cette perspective, le culte des ancêtres prend tout son sens. Ceux à qui il s'adresse sont en effet toujours vivants, bien que sous une forme totalement différente de celle qu'ils possédaient du temps de leur vie sur terre. D'autre part, la mémoire ainsi entretenue chez leurs descendants élargit le champ de leur propre vie dans l'espace et le temps.

La modalité éternelle de notre conscience, hors espace, hors temps, est certes très différente de celle que nous connaissons aujourd'hui. En effet, dans cette vie, mieux nous réussissons la construction quotidienne de notre identité, plus nous sommes individués, c'est-à-dire rendus différents du reste de l'humanité. Selon l'expression de Michel Serres, cette identité résulte de l'empilement de nos appartenances à différents sous-ensembles de l'humanité. Certains de ces sous-ensembles sont très vastes : le genre masculin et le genre féminin par exemple ; d'autres plus spécifiques : les amoureux de la musique de Schubert et ceux de la musique électronique. (Pour ma part je crois appartenir à un sous-ensemble de l'humanité des plus restreints : celui des professeurs qui ont enseigné la logique mathématique en latin !) L'idée d'appartenance à de nombreux sous-ensembles qui nous dépassent n'est donc pas absente. Mais la résultante est au final une personnalité plutôt fière de sa singularité : chacun d'entre nous se construit une identité aussi singulière que sa propre signature génétique.

La modalité *éternelle* de notre conscience est d'un tout autre type. Il nous est difficile de l'imaginer. On peut cependant pressentir qu'elle fait avant tout ressortir les liens qui nous rattachent, de proche en proche, dans une interdépendance absolue, non seulement à toute l'humanité, mais encore à l'univers entier. Récapitulation de ma vie dans la récapitulation de l'histoire de l'humanité, dans la récapitulation de l'univers entier. Cette modalité de la conscience se perçoit comme simple participation à la conscience du tout. Par sa simple attention, elle se déplace autant dans l'espace que dans le temps, n'étant plus soumise aux lois ni de l'un ni de l'autre. Elle perçoit tout comme en un seul clin d'œil.

Au sens strict, cette modalité de la conscience n'existe pas « après » la mort. Elle échappe en effet à l'« avant » et à l'« après ». Elle est *au-delà* du temps. Elle existe donc déjà en ce moment où j'écris ces lignes. Je ne possède tout simplement pas l'instrument susceptible de la capter. Notre conscience historique, liée au bon fonctionnement de notre cerveau et de notre système nerveux, nous permet de dévoiler un certain niveau d'existence du monde. La recherche scientifique, surtout depuis le début du XXe siècle, nous permet d'en décrypter d'autres niveaux. Mais en même temps, notre conscience jette un voile sur le fondement ultime du réel qui échappe totalement à sa perception. Elle dévoile en voilant. Elle voile en dévoilant. Nous ne pouvons accéder qu'à un « réel voilé[32] ». Nous sommes impuissants à dire le dernier mot des choses. *Ming ke ming, feijang ming* : « Le mot qui prétendrait avoir le dernier mot des choses n'est pas le véritable mot ! »

Quand nous mourons, ce voile ce déchire. Comme l'écrivait William Blake :

> « Quand les portes de la perception seront purifiées
> alors nous verrons le monde tel qu'il est,
> c'est à dire "infini". »

Chronique d'outre-tombe

« Et la mort comme le jour illumine[1]... »

Je suis mort sur ma montagne taoïste.

Trou noir.

Absence totale de conscience comme dans le sommeil profond.

Combien de temps suis-je resté dans cet état d'inconscience ?

Je ne peux le dire.

Pas plus que je ne pouvais, dans ma vie terrestre, évaluer le temps qui s'écoulait entre mon endormissement et le moment où je commençais à rêver.

C'est un *no man's time* dans un *no man's land.*

Sans doute un temps qui justifie l'attente, plus ou moins longue, que toutes les traditions respectent, avant de confier les cadavres au feu, aux vautours ou aux vers de terre.

Une absence totale de conscience qui ne me laisse aucun souvenir.

Soudain, comme commence un rêve de façon d'autant plus inattendue qu'il n'y a pas de conscience pour l'attendre,

ma conscience se réveille.
Mais puis-je encore parler de « ma » conscience ?
Elle a changé de nature.
Rien à voir avec la conscience étriquée dont je jouissais dans mon existence historique.
Elle s'est dilatée.
Elle s'identifie à l'immensité infinie de l'espace.
Elle domine la totalité du temps.
J'ai bien la conscience que quelque chose de moi persiste.
C'est bien de moi qu'il s'agit.
Mais c'est comme la goutte d'eau qui tombe dans l'océan.
Je n'ai plus l'illusion d'être une entité séparée.
Je suis interconnecté à la totalité du réel à laquelle je m'éveille.
Je suis encore, mais pas de façon individuée.
Je suis en totale interdépendance avec tout ce qui a existé, qui existe et qui existera pour ceux qui poursuivent leur chemin dans l'espace et le temps.

Une question me taraude.
Où est celui vers lequel tout mon être aspire ?
Celui à qui, avec le psalmiste, j'ai tant de fois adressé maladroitement ma supplique :
« Comme languit une biche après l'eau vive,
ainsi languit mon âme, vers toi, fondement de
mon être comme de tout l'univers.
Mon âme a soif de toi[2] ! »
Ne vais-je pas enfin le découvrir ?
Mais ici aussi, il reste le grand absent.

Nul ne peut le voir parce qu'il est le sans-forme.
Ne le verrai-je donc pas face à face ?
Il n'a pas de face.
Puis-je au moins l'appeler par son nom ?
Il n'a pas de nom.
Sans forme, sans face, sans nom.
Inaccessible à la créature que je ne cesse d'être même si j'ai une perception complètement transformée de ce que je continue à percevoir comme moi-même.

Je ne le vois pas,
je ne le perçois pas,
je ne le nomme pas
et cependant je ne fais qu'un avec lui,
parce qu'il me donne de partager sa conscience,
parce qu'il me donne de partager son regard sur l'univers entier,
non seulement dans sa réalité à un instant donné
mais encore dans les années et les années-lumière de son existence dans l'espace et le temps.

Je me découvre,
je découvre l'humanité,
je découvre le monde de l'intérieur comme lui, le principe de tout, me connaît.
C'est cela, la vision béatifique.
De ce point de vue, elle ne diffère pas essentiellement de la vision que j'avais lorsque j'étais encore prisonnier de l'espace et du temps.
L'invisible se fait connaître à travers le visible.

Le sans-forme à travers l'indéfinie variété des formes.

Certains mystiques ont joui un instant,
comme par flashs,
de cette conscience dilatée.
Saint Benoît, méditant sous un arbre, nous rapporte Grégoire le Grand,
perçut la globalité du monde comme en un clin d'œil.
Quant à Bouddha,
« grâce à son œil divin,
le bienheureux vit toutes les naissances,
toutes les vies,
toutes les morts
et toutes les renaissances de tous les cycles cosmiques depuis les origines ».

Il reste le Cela
qui soutient tout dans l'existence
et c'est à travers ce tout
qu'il se laisse percevoir.

Traversant ce spectacle qui, à la fois, m'éblouit et me comble,
l'intuition s'impose, comme une évidence,
qu'il ne peut être qu'un.
En lui, aucune division, aucune partition n'est possible.

Et pourtant il m'apparaît aussi clairement qu'il est habité par le deux.

Non pas qu'il se partage en deux
mais que deux polarités l'habitent
et qu'il est totalement l'une et totalement l'autre.
Seul le jeu de l'une sur l'autre –
les Chinois l'ont interprété comme le jeu du yin et du yang,
les Occidentaux parlent plus volontiers de « pôle positif » et de « pôle négatif » –
a permis l'explosion de l'indéfinie multiplicité des êtres et des choses
qui me sont donnés à contempler.
L'un passe par le deux pour déboucher sur le multiple.

Et ce multiple est régi par ses propres règles
qui jouent à leur tour avec des forces opposées
d'explosion et de maintien dans l'unité,
d'entropie et d'auto-organisation,
l'un fournissant en permanence, comme un puits sans fond,
l'énergie nécessaire au perpétuel mouvement du multiple.
Règne d'une perpétuelle impermanence…
Toute chose n'a qu'un temps.

Ce multiple, avec ses propres lois de développement,
est le voile qui dévoile l'un qui le soutient dans l'être.
Mais alors que le voile se faisait si souvent opaque dans ma vie terrestre

(ou dois-je reconnaître que je me complaisais
dans ma cécité ?),
il est ici devenu diaphane, lumineux.
On pourrait presque dire qu'il est transparent.
Le sens de ma vie, celui de l'histoire de l'humanité
et de l'évolution du monde, d'infiniment mystérieux, voire d'insaisissable, voire de scandaleux,
se fait ici évidence limpide.
Tout s'éclaire, tout s'explique, tout se déploie
comme en une gigantesque tapisserie.

Ma vie est donnée à contempler
à toute conscience qui participe de ce regard
d'éternité.
Avec ses ombres comme avec ses lumières.
Elle contribue à la composition de l'ensemble.
Chaque fois qu'elle a joué le jeu de l'échange,
le jeu du donner et du recevoir,
elle se fond dans la luminosité qui illumine le tout.
Chaque fois qu'elle s'est crispée sur elle-même,
s'est recroquevillée sur elle-même,
elle s'inscrit comme une ombre au tableau.
Mais elle fait quand même partie du tableau
et reçoit son sens de sa participation à son
ensemble.

Nos vies sont des œuvres d'art
que nous donnons à contempler pour l'éternité.

Mais quelle est la nature de ma liberté
si tout ce que j'ai choisi de vivre est connu de
toute éternité ?

Je sais combien cela semble incompréhensible.
Tout d'abord nous ne sommes pas si libres que nous le croyons.
Nous sommes la résultante de tant de déterminismes,
génétique, linguistique, culturel, social et tout simplement historique,
qu'il ne nous reste qu'une petite marge de liberté,
à charge pour nous de l'accroître chaque jour en nous dégageant de leur emprise.

Mais là n'est pas le problème.
La vraie liberté dont nous jouissons est d'un autre ordre.
Elle est intérieure.
Elle est de donner notre assentiment ou non à ce que nous vivons.
Cela nous fût-il imposé par contrainte extérieure.
Non pas que nous soyons appelés à nous résigner.
Il nous faut au contraire bien souvent lutter.
Nous sommes en revanche appelés
à l'acceptation consciente de ce que nous vivons
lors même que nous ignorons où cela nous conduit.

Les religions n'ont pas tort de voir la liberté suprême
dans l'abandon lucide à ce qui nous dépasse.
« Parle, Seigneur, ton serviteur écoute ! »,
« Que ta volonté soit faite ! »,
Inch Allah !

sont autant d'expressions humaines,
pour exprimer cette liberté-là.
Expressions souvent incomprises
parce que maladroites
comme toutes nos façons de parler
des choses essentielles.

La liberté fait partie des possibles qui nous sont accessibles.
La connaissance, hors espace, hors temps,
que le réel ultime a de ce que nous faisons
n'interfère nullement avec elle.
Ce n'est pas une cause qui viendrait ajouter son déterminisme aux autres causes.
Elle n'est pas sur le même plan.
Elle ne joue pas dans la même cour.
Loin de la brider, elle la fonde.
Elle nous confie la tâche d'inscrire de l'information dans la toile du monde.
À nous d'en profiter
sans nous soucier de savoir si le texte que nous inventons est connu.
Il n'est pas connu « d'avance » par le fondement ultime du réel.
Il est connu, « hors temps », de toute éternité.

Je vois ce que j'ai fait de ma liberté tout au long de ma vie.
Je vois tous les moments où, par lâcheté, j'ai renoncé à l'exercer.
Mais je vois aussi toutes les filiations qui ont rendu mon existence possible.

Elles la relient à l'œuvre globale,
à son indicible complexité
comme autant de fils d'une tapisserie.

Et tout d'abord je vois mes ascendants,
mes innombrables aïeux remontant jusqu'aux origines de l'humanité.
Tous ces couples absolument nécessaires pour que je vienne au monde.
Un seul d'entre eux eût-il été mis en échec par la maladie ou par la guerre ou simplement par le choix,
parfois librement décidé ou parfois imposé par la société,
de ne pas s'accoupler, et je ne serais pas né.
Je vois le jeu des gènes et de leurs combinaisons multiples
qui m'ont doté de mon bagage génétique singulier,
dans une famille donnée, dans une société et dans un temps donnés.
Conditionnements certes, mais aussi conditions d'existence et d'épanouissement.
Mon cœur déborde de gratitude envers eux tous et rétrospectivement je regrette de ne pas leur avoir rendu le culte des ancêtres
auquel ils pouvaient légitimement s'attendre.
Ombre portée sur ma vie.

Je vois avec une plus grande intensité l'apport de la branche paternelle,

avec un père et un grand-père, ingénieurs dans l'âme,
qui m'ont insufflé l'amour des mathématiques.
Je vois l'apport de la branche maternelle, plus proche de la paysannerie,
mais dont un rameau, nobiliaire, avait pour devise :
« Fort comme chêne »,
et je vois la force d'autoréalisation d'une devise
lorsqu'elle est intériorisée de génération en génération.
Je retrouve tous les détails que ma mémoire avait gommés.
Je retrouve tous mes amis,
tous ceux qu'un jour ma vie a croisés, ne serait-ce que furtivement.
Je retrouve même les animaux qui, à un moment ou un autre, m'ont tenu compagnie.
Eux aussi font partie du tableau.

Je vois certains événements comme s'empiler dans ma vie.
Comme par un géant télescopage.
Passages par la mort pour renaître à la vie.
Pour naître à une autre vie.

Jour de ma naissance, le cordon ombilical se dénoue.
Je suis sauvé in extremis.

Prise d'habit à Boquen.
Ma chevelure flamboyante rasée.

Dépouillement de mes vêtements.
Jusqu'à mon nom changé :
j'étais jusqu'alors Jean-Claude,
je deviens Bernard à jamais.
Mort à la vie civile.
Naissance à la vie de moine.

Dix-huit ans plus tard, menace d'attentat contre ma vie.
Trouver l'énergie pour survivre.
Travail avec un sorcier aztèque au Mexique.
« Des hommes en veulent à votre vie,
ils vous ont tué,
vous êtes mort. »
Résurrection un matin de Pâques (je ne l'ai pas cherché !)
dans les eaux du Pacifique.
Un rouleau emporte la plage, et moi avec.
Piégé par la mer démontée.
Accepte de mourir.
Suis sauvé in extremis par un jeune Mexicain qui s'est jeté à l'eau pour me sauver.
« Tu avais besoin *di una limpia*, me dit le sorcier aztèque
(une sorte d'immersion célébrée par la nature elle-même,
comme un nouveau baptême),
eh bien, tu l'as eue ! »

Et la liste de ces initiations successives n'est pas finie.
Chacune donne un nouveau sens à la précédente.

Vues d'ici, elles ne font qu'un
comme un processus continu.
À chaque initiation, ma vie prend un nouveau cours
allant de commencement en commencement
par des commencements qui n'ont jamais de fin...

Je me vois bouleversé,
arrivant en Grèce, de manière imprévue, sur la place de Stagir
en route vers le Mont-Athos.
Ressentant ici une émotion à nulle autre pareille
comme si l'esprit d'Aristote était encore présent
et venait me visiter.
D'autres ont sans doute ressenti la même émotion
en arrivant sous l'arbre de l'Éveil de Bouddha Sakyamuni,
ou bien en arrivant à Bethléem,
ou encore à La Mecque.

D'ici part un des fils majeurs qui tissent mon existence.
Il passe par Averroès
puis par les maîtres de la Sorbonne,
Albert le Grand, Thomas d'Aquin et, d'une certaine façon Maître Eckhart.
Il passe, plus près de moi, par Aldous Huxley
et par Cipriano Vagaggini, mon professeur romain,

et il forme comme un axe central de ma vie :
la conviction inébranlable de l'existence d'un fondement ultime du réel.
Je vois saint Benoît, saint Bernard
et plus près de moi le père Alexis
qui ont éveillé en moi une sensibilité pour un art dépouillé,
allant à l'essentiel.
Cistercien j'étais, cistercien je suis resté dans ma sensibilité.
Même en Chine, ils m'ont porté à reconnaître dans le style Ming
comme un art cistercien chinois.

Je vois les similitudes qui ont rapproché ma vie de celle de Bernard de Clairvaux.
Il avait les cheveux roux, je suis né rouquin.
Orphelin de mère à l'âge de treize ans, j'ai perdu aussi la mienne à treize ans.
Entré tout jeune à Cîteaux, petite communauté portée par le désir de retrouver les origines du monachisme,
je suis entré tout jeune à Boquen, petite communauté
portée par le désir de retrouver les origines du monachisme.
Envoyé à vingt-cinq ans fonder Clairvaux.
À vingt-cinq ans l'abbé général des cisterciens me confie la mission de « refonder Clairvaux »
où je débarque en portant l'habit même
qu'on le voit porter sur les tableaux.

Ce fut pour Bernard de Clairvaux le point de départ d'un fil
qui, en se divisant indéfiniment, allait créer un réseau d'abbayes sur tout l'Occident.
Pour moi ce fut un échec cuisant
et nos voies commencèrent à diverger.

Son utopie fut la création de l'ordre des chevaliers du Temple.
La mienne celle de la Communion de Boquen.
La sienne dura deux siècles
mais se poursuit encore aujourd'hui dans l'imaginaire des hommes.
La mienne s'effilocha rapidement
mais continue çà et là, je crois, à inspirer une certaine conception du christianisme.

La sienne devait l'entraîner à prêcher la croisade, à lancer des hommes, au prix de guerres sanglantes,
à la reconquête d'un lieu qu'il considérait comme sacré.
Ma « terre promise » est la planète entière.
Jésus m'a convaincu qu'aucun lieu n'est sacré ou, ce qui revient au même, que tout lieu est sacré et qu'il faut s'approcher du réel ultime en esprit et en vérité
au plus profond de soi,
quel que soit le point qu'on occupe sur le globe.
Je ne regrette pas d'en avoir fait l'option.

C'est en effet l'univers tout entier qui porte en lui le mystère de l'incarnation.
Comme en gestation.
De l'ordre minéral au végétal puis à l'animal, il se complexifie pour qu'émerge en lui la conscience
Qui est l'approximation la moins infidèle du fondement ultime du réel.
La matière est fécondée, travaillée de l'intérieur par une force d'auto-organisation
Jusqu'à devenir le support d'une conscience
Qui s'élevant degré par degré
Au cours d'une évolution à l'échelle des années-lumière
Renvoie en clignotant un reflet temporel de la conscience éternelle.

Vue de l'éternité, ma postérité est certes toute fluette.
Mais je n'en souffre nullement.
Il n'est pas demandé à la rose de durer tout un été.
Il n'est demandé à aucun d'entre nous de tisser la toile au-delà de ses capacités.
À chacun selon son talent.
À chacun selon sa propre mesure.

Je vois les grands courants religieux de l'humanité
comme autant de coulées se répandant sur des siècles et des siècles.

Chacun avec sa couleur qui se diversifie en savants camaïeux.
Source de sérénité et de bonheur pour les uns, source d'angoisse, de culpabilité et de souffrance pour les autres.
Traces lumineuses ici,
traces obscures ailleurs.
Clignotant de l'éclat de la sagesse et de la sainteté mais noircissant souvent le tableau par le cynisme, le fanatisme et la cruauté.
Dans leurs interstices j'aperçois des amoureux de la sagesse
qui ont préféré faire leur chemin en dehors de ces grandes voies.
Parfois en se croyant athées,
à cause des ambiguïtés des noms donnés au principe de toute chose,
ou encore à cause du rôle imaginaire que les hommes ont attribué dans l'histoire
à ce qu'ils appellent « Dieu ».

Je vois des hommes et des femmes en prière sur toute la surface de la Terre.
Dans toutes les langues, tous les dialectes.
Leurs prières s'adressent à toutes sortes de divinités.
Aucune importance si cela leur fait du bien.
La prière qui compte avant tout
est celle qui s'exprime par ce qu'ils font,
qui s'exprime par ce qu'ils sont.

Toute vie, en soi, est déjà une forme de prière,
une réponse à la parole sous-jacente qui la pose dans l'existence.
Même celui qui pense ne jamais prier
prie par la manière dont il vit :
qu'il mange, qu'il dorme, qu'il travaille, qu'il fasse l'amour ou se détende,
tout est réponse à Cela qui lui donne d'exister.
Tout ce qu'il vit contribue à son insu, en ombre et en lumière,
au spectacle de l'éternité.

La conscience de l'homme,
non la conscience de ceci ou de cela,
d'être heureux ou de souffrir du froid,
mais la conscience d'être conscient, aussi fragile soit-elle,
fruit du fonctionnement organisé de tout son corps,
fruit de la machinerie de son cerveau,
du jeu complexe de ses synapses et de ses neurones,
est une participation aléatoire à la conscience du tout.

Si l'homme parvient à l'actualiser par son attention,
à l'orienter par son intention
en désir de bien pour les autres,
pour ses proches d'abord et, élargissant peu à peu son champ, pour l'humanité tout entière,

alors il participe, à sa mesure,
à la puissance créatrice du principe qui le pose dans l'existence.
C'est la loi de la vie.
C'est le fondement de l'efficacité de la prière quelle que soit la forme anecdotique qu'elle revête.
Aucun mérite à cela.
Il suffisait de s'ouvrir,
d'accepter d'être le canal de la puissance créatrice,
qui, elle, est disponible et active en tout lieu et à tout instant.

Cela n'exonère pas de l'urgente obligation d'œuvrer à rendre meilleure la vie en ce monde.
Mais devant la misère qui submerge la planète, quand les bras nous tombent,
que le sentiment d'impuissance nous submerge,
seule l'ouverture à la puissance inépuisable du principe qui est présent au plus profond de nous
nous permet de contribuer, de façon non quantifiable, au mieux-être de l'humanité.

Ce ne sont pas des fils dans la toile.
Ce sont comme autant d'étincelles qui viennent éclairer les zones les plus sombres de l'histoire des hommes.
Certains solitaires,

si leur intention est tout orientée vers le bien des autres,
apparaissent comme des feux d'artifice.

Luminosité.
Lumière.
Deiwos, la lumière qui brille.
Dies, la lumière du jour.
Deus, la lumière de Dieu.
Même étymologie.
La lumière est ce qui exprime le mieux
ce que je vis.
Elle inonde tout.
Elle transfigure tout.
Elle purifie tout.
Oui, vraiment,
la mort comme le jour illumine !

Notes

Ouverture

1. Sur la signification du caractère *guo,* cf. Cyrille J.-D. Javary, *100 mots pour comprendre les Chinois,* Paris, Albin Michel, 2008, p. 277-279.

2. Béla Just, *Les Illuminés,* Paris, Le Seuil, 1948.

3. Ma thèse intitulée *Incarnation ou eschatologie ? Contribution à l'histoire du vocabulaire religieux contemporain, 1935-1955,* a été publiée pour l'essentiel par les Éditions du Cerf en 1964.

4. Bernard Besret, *Manifeste pour une renaissance,* Paris, Albin Michel, 1997.

5. Bernard Besret, *Confiteor. De la contestation à la sérénité,* Paris, Albin Michel, 1991.

6. Bernard Besret, *Du bon usage de la vie,* Paris, Albin Michel, 1996.

7. Cf. Bernard Besret, *Confiteor, op. cit.,* p. 73-74.

8. Sur cet aspect méconnu de l'histoire de la Chine, cf. Cyrille J.-D. Javary, *Les Trois Sagesses chinoises. Taoïsme, confucianisme, bouddhisme,* Paris, Albin Michel, 2010, p. 221 et p. 223 : « Peu soulignées en Occident, ces faveurs firent naître chez les Chinois un sourd ressentiment, les Tibétains étant perçus comme les "collabos" des envahisseurs mandchous, lesquels multipliaient les mesures cruelles ou vexatoires envers les Chinois,

comme le port obligatoire de la natte sous peine de mort. »

9. Voyage organisé par l'association Le Temps du corps.

Chroniques de ma découverte de la Chine

1. Cf. Cyrille J.-D. Javary, *100 mots pour comprendre les Chinois, op. cit.*, p. 12 et *sq*.
2. Cf. Étiemble, *L'Europe chinoise. I. De l'Empire romain à Leibniz*, Paris, Gallimard, 1988, p. 280-320.
3. Benoît Vermander, *Les Mandariniers de la rivière Huai. Le réveil religieux de la Chine*, Paris, Desclée de Brouwer, 2002, p. 53.
4. *La Croix*, 17 novembre 2004.
5. Jean-Paul II, en 2003, a envoyé le cardinal français Roger Etchegaray en Chine. Lire sur les rapports entre Rome et la Chine : Roger Etchegaray, *Vers les chrétiens en Chine, vus par une grenouille du fond d'un puits*, Paris, Cerf, 2004.
6. Cf. Benoît Vermander, *Les Mandariniers de la rivière Huai, op. cit.*, p. 58-62.
7. Yvonne Henry, « Monseigneur Auguste Haouisée et sa famille », in *Le Pays de Dinan*, t. XIX, année 1999, p. 213-234, suivi de « Carnets de voyage : sur les pas de Mgr Haouisée », dans lesquels je raconte ma recherche de ses traces en 1997 et les années suivantes.
8. Cyrille J.-D. Javary, « Le culte des ancêtres en Chine », in *Encyclopédie des religions*, sous la direction de Frédéric Lenoir et Ysé Tardan-Masquelier, Paris, Bayard, 1997, p. 1932.
9. Sur le Falungong *de la rivière Huai*, cf. Benoît Vermander, *Les Mandariniers, op. cit.*, p. 169-204.

Chroniques du qi gong

1. Mt, 6, 25-27, *Bible de Jérusalem*, Paris, Le Cerf, 1955.
2. La seule référence que je connaisse pour cette forme

de qi gong est un livre américain pas encore traduit en français : *Life More Abundant, The Science of Zhineng Qigong Based on the Original Teachings of Ming Pang,* English version, notes and commentary by Xiaoguang Jin and Joseph Marcello, Haverford, 1999. Le livre est disponible sur le web : www.buybooksontheweb.com.

3. François Cheng, *Vide et plein, Le langage pictural chinois,* Paris, Le Seuil, 1991, p. 56 et p. 45.

4. Cf. l'exergue de son site internet : www.raimon-panikkar.org/francese. Au moment où j'écris ces lignes, j'apprends son décès en Catalogne où il s'était retiré. Encore un ancêtre à vénérer.

5. Raimon Panikkar, *L'Éloge du simple, Le moine comme archétype universel,* Paris, Albin Michel, 1995.

6. Bernard Besret, *Du bon usage de la vie, op. cit.*

7. François Cheng, *Vide et plein, op. cit.,* p. 61.

8. Mantak Chia, *Énergie vitale et autoguérison,* Saint-Jean-de-Bray, Dangles, 1983.

9. *Zhuangzi,* chapitre 4. Le texte commence par « Concentre-toi, n'écoute pas par tes oreilles mais par ton esprit ; n'écoute pas par ton esprit mais par ton souffle. Les oreilles se bornent à écouter, l'esprit se borne à représenter. Le souffle qui est le vide peut se conformer aux objets extérieurs » (in *Les Philosophes taoïstes,* Paris, Gallimard, Bibliothèque de la Pléiade, 1980, p. 111).

10. Cf. Cyrille J.-D. Javary, *Les Trois Sagesses chinoises, op. cit.,* p. 203.

11. Benoît Vermander, *Les Mandariniers de la rivière Huai, op. cit.,* p. 9.

12. *Ibid.,* p. 10.

Chroniques d'un pèlerinage taoïste

1. Catherine Despeux, *Lao-tseu, Le guide de l'insondable,* Paris, Entrelacs, 2010, p. 39.

2. Maurice Granet, cité par *id.,* p. 12.

3. Martin Palmer, *Les Évangiles de la route de la soie*, Vannes, Sully, 2004.

4. Sur Mani, cf. Amin Maalouf, *Les Jardins de lumière*, Paris, Lattès, 1991.

5. La trilogie de José Frêches, *L'Impératrice de la soie*, Paris, XO, rend bien compte de l'ouverture de l'empire du Milieu, sous la dynastie Tang, aux différents courants religieux qui affluaient par la Route de la soie.

6. Martin Palmer, *Les Évangiles de la route de la soie*, *op. cit.*, p. 25.

7. Cf. *ibid.*, p. 50.

8. Benoît Vermander, *Les Mandariniers de la rivière Huai*, *op. cit.*, p. 13.

9. Martin Palmer, *Les Évangiles de la route de la soie*, *op. cit.*, p. 178-179.

10. *Ibid.*

11. François Jullien en rend bien compte dans son essai *Procès ou création, Une introduction à la pensée des lettrés chinois*, Paris, Le Seuil, 1989 ; coll. « Points », 1996.

12. Martin Palmer, *Les Évangiles de la route de la soie*, *op. cit.*

13. Cf. Ariane Buisset, *Les Religions face aux femmes*, préface de Frédéric Lenoir, postface de Bernard Besret, Paris, Accarias-L'Originel, 2008.

14. Martin Palmer, *Les Évangiles de la route de la soie*, *op. cit.*, p. 195.

15. John Lagerwey, *La Messe, yoga du souffle*, Thionville, Le Fennec, 1994. Une autre tentative du même ordre est signalée par Benoît Vermander, *Les Mandariniers de la rivière Huai*, *op. cit.*, p. 116, celle de Yao You-Hung, dans un article intitulé « La spiritualité du qi ».

16. Gavin Menzies, *1421, L'année où la Chine a découvert l'Amérique*, Paris, Intervalles, 2007.

17. *Le Lao-tseu, suivi des Quatre canons de l'empereur Jaune*, traduction et commentaires de Jean Lévi, Paris, Albin Michel, 2009, p. 8.

18. Pour les lecteurs qui désirent approfondir l'histoire du taoïsme : Isabelle Robinet, *Histoire du taoïsme : des origines au XIVe siècle*, Paris, Le Cerf, 1991. Et pour ceux qui

désirent en avoir une vue complète mais dans un texte plus court : John Lagerwey, « Le taoïsme », dans *Encyclopédie des religions, op. cit.*, p. 1951-1977.

19. Jean Lévi, *Le Lao-tseu, op. cit.*

20. Cyrille J.-D. Javary, *Les Trois Sagesses chinoises, op. cit.*, p. 301.

21. Cf. *Les Philosophes taoïstes, op. cit.*

22. Cf. Vincent Goossaert et Caroline Gyss, *Le Taoïsme, La révélation continue*, Paris, Découvertes Gallimard, 2010, p. 15.

23. Cyrille J.-D. Javary, *Les Trois Sagesses chinoises, op. cit.*, p. 302.

24. Jean-François Billeter, « Essai d'interprétation du chapitre 15 du *Laozi* », *Études asiatiques*, XXXIX, 1-2, 1985, p. 36, cité par Catherine Despeux, *Lao-tseu, op. cit.*, p. 92-93.

25. Voir Sakade Yoshinobu, cité par Pierre-Henry de Bruyn, *Le Taoïsme, Chemins de découvertes* Paris, Éditions du CNRS, 2009, p. 18.

26. Elle illustre la page de garde de mon site : www.bernard-besret.com.

27. Martin Palmer, *Le Taoïsme,* Paris, Rivages poche, 1997, p. 193.

28. Catherine Despeux, *Lao-tseu, op. cit.*, p. 42.

29. Pierre-Antoine Delhommais, « La Chine ne s'est pas éveillée, elle s'est réveillée », *Le Monde,* 4 septembre 2010.

Chroniques de Qiyunshan

1. Voir plus haut le chapitre « Un rêve de paradis ».

2. Michael Gershon, *The Second Brain : A Groundbreaking New Understanding of Nervous Disorders of the Stomach and Intestine*, New York, Harper Collins, 1998.

3. Karlfried Graf Dürckheim, *Hara, centre vital de l'homme,* Paris, Le Courrier du livre, 1954.

4. Il semble qu'aujourd'hui encore les autorités imposent aux architectes de bâtiments comme l'Opéra de Pékin ou celui de Shanghai de suivre les consignes du feng shui.

5. Cela me rappelle un événement de ma vie mexicaine. Un sorcier aztèque m'ayant fait boire un breuvage de purification, je fus pris d'hémorragies internes. Une amie partit le chercher au pied du Popocatépetl, et il vint avec une poule pour m'exorciser. Au cours de la cérémonie, il me passa la poule sur tout le corps un bon nombre de fois. Il m'avait dit : « Ou elle prend tes mauvaises ondes et elle meurt, ou alors c'est toi qui risques de mourir ! » Et c'est la poule qui est morte !

6. « Le caractère 是 shi, qu'on traduit souvent par "être" dans la mesure où il s'agit d'un affirmateur de réel, ne marque pas une réalité intrinsèque (une "essence"), mais signale plutôt une conformité instantanée, soit entre un sujet et un prédicat (je suis français), soit entre une assertion et ce qu'on en pense (et dans ce cas il correspond simplement à notre "oui") » (Cyrille J.-D. Javary, *Les Trois Sagesses chinoises, op. cit.*, p. 58).

7. François Jullien, *Procès ou création. Une introduction à la pensée des lettrés chinois, op. cit.*

8. Chapitre 1. J'emprunte la traduction à Catherine Despeux, *Lao-tseu, op. cit.*, p. 159-160.

9. Cf. Étiemble, *L'Europe chinoise. I. De l'Empire romain à Leibniz, op. cit.*, chapitre XXVIII : « Leibniz et la Chine (III). L'arithmétique binaire et les hexagrammes du *Yi Jing* », p. 396-408.

10. Voir à ce sujet les œuvres de Nicolas de Cues, *De la docte ignorance. Trois traités sur la docte ignorance et la coïncidence des opposés.* Ou encore l'œuvre du mathématicien allemand Georg Cantor sur le « transfini ».

11. Cf. Catherine Despeux, *Lao-tseu, op. cit.*, p. 169.

12. Stéphane Lupasco, *Logique et contradiction*, Paris, PUF, 1947.

13. François Cheng, *Vide et plein, op. cit.*, p. 59. Il faudrait citer toute la suite du texte qui explique de façon lumineuse la relation entre les deux couples vide/plein (vertical) et yin/yang (horizontal). Cf. également le livre entier que François Cheng a consacré à ce thème sous forme de poésies : *Le Livre du vide médian*, Paris, Albin Michel, 2004.

14. *Laozi,* chapitre 40.

15. Cyrille J.-D. Javary, *Les Trois Sagesses chinoises, op. cit.,* p. 59.

16. Jean Lévi, *Le Lao-tseu suivi des Quatre canons de l'empereur Jaune, op. cit.,* p. 126.

17. François Cheng, *Vide et plein, op. cit.,* p. 53.

18. François Cheng, *Le Livre du Vide médian, op. cit.,* p. 7.

19. *Les Philosophes taoïstes, op. cit.*

20. *Ibid.*

21. John Lagerwey, *Le Continent des esprits, La Chine dans le miroir du taoïsme,* Bruxelles, La Renaissance du livre, 1991. Cf. Cyrille J.-D. Javary, *100 mots pour comprendre les Chinois, op. cit.,* p. 316.

22. Cyrille J.-D. Javary, « Le culte des ancêtres en Chine », dans *Encyclopédie des religions, op. cit.,* p. 1933.

23. Catherine Despeux, *Lao-tseu, op. cit.,* p. 91.

24. John Lagerwey, *Le Continent des esprits, op. cit.,* p. 48.

25. *Ibid.*

26. Cf. François Jullien, *Nourrir sa vie, À l'écart du bonheur,* Paris, Seuil, 2005. Texte majeur sur le plan théorique pour entrer dans l'intelligence du thème.

27. Cyrille J.-D. Javary, *100 mots pour comprendre les Chinois, op. cit.,* p. 73-74.

28. François Jullien, *Nourrir sa vie, op. cit.,* p. 14.

29. Pierre-Henry de Bruyn, *Le Taoïsme, op. cit.*

30. Maître Eckhart, *Être Dieu en Dieu,* textes choisis et présentés par Benoît Beyer de Ryke, Paris, Points, 2008.

31. Douglas Preston, *Credo, Le Dernier secret,* Paris, J'ai lu, p. 565-566 (titre original *Blasphemy*).

32. Bernard d'Espagnat, *À la recherche du réel, Le regard d'un physicien,* Paris, Gaulthier-Villars, 1979, p. 79-102.

Chronique d'outre-tombe

1. D'après le Psaume 139, verset 12 *Bible de Jérusalem, op. cit.*

2. Paraphrase du psaume 42, versets 2 et 3 *ibid.*

Table

Ouverture

Chroniques de ma découverte de la Chine

Chroniques du qi gong

Chroniques d'un pèlerinage taoïste

Chroniques de Qiyunshan

Chronique d'outre-tombe

DU MÊME AUTEUR

Esquisse d'un Évangile éternel
Le Seuil, 2003

Manifeste pour une renaissance
Albin Michel, 1997

Du bon usage de la vie
Albin Michel, 2006

Lettre ouverte au pape qui veut nous asséner la vérité absolue dans toute sa splendeur
Albin Michel, 1993

Confiteor : de la contestation à la sérénité
Albin Michel, 1996

Composition Nord Compo
Impression CPI Bussière en mars 2011
à Saint-Amand-Montrond (Cher)
Éditions Albin Michel
22, rue Huyghens, 75014 Paris
www.albin-michel.fr
N° d'édition : 17031/01. – N° d'impression : 110496/1.
Dépôt légal : avril 2011.
ISBN 978-2-226-22053-0
Imprimé en France